中國文明の歷史

非漢中心史觀的建構

岡田英弘

中 国 文 明 の 歴 史

陳心慧——譯

◆ 目錄 ◆

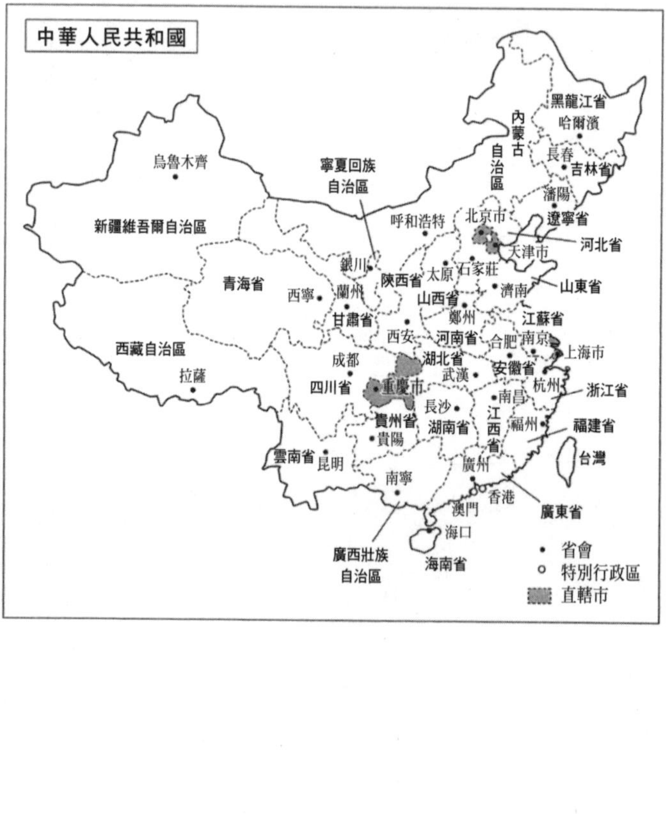
中華人民共和國
烏魯木齊
新疆維吾爾自治區
寧夏回族
自治區
內蒙古自治區
黑龍江省
哈爾濱
長春
吉林省
瀋陽
遼寧省
北京市
河北省
天津市
呼和浩特
銀川
青海省
西寧
蘭州
陝西省
太原
石家莊
濟南
山東省
山西省
甘肅省
鄭州
江蘇省
西安
河南省
合肥
南京
上海市
西藏自治區
拉薩
成都
湖北省
安徽省
武漢
四川省
重慶市
杭州
浙江省
南昌
長沙
江西省
貴州省
湖南省
福州
福建省
貴陽
雲南省
昆明
台灣
南寧
廣州
香港
澳門
廣東省
海口
廣西壯族
自治區
海南省
省會
特別行政區
直轄市

序章

民族的成立和中國的歷史

一、何謂中國？

本來的意思是首都

現在的日本人一般認為「中國」是「中國人」的「民族國家」。然而，這種認知存在著很大的問題。首先必須探討何謂中國？又必須認清何謂「民族國家」？

漢字的「中國」，指的到底是什麼呢？

最初的意思是「國」之「中」。在「國」具備日語所指「國家（くに）」的意思之前，過去指的是由城牆圍繞的「都」。作為證據，可以看到西元前四世紀後半哲學家孟軻編纂的《孟子》〈萬章下篇〉，當中寫道：「在國曰市井之臣。」注疏則寫道：「國，都邑也。」另外，《禮記》〈學記篇〉當中也寫道：「國有學（學校）。」注疏則寫道：「國，天子之都也。」

「國」這個字原本是「或」。口部的四角形代表的就是城牆，內側的「或」，代表拿著武器，守衛城牆。也就是說，「國」就是「都」。

然而之後，「國」變得與「邦」同義。「邦」與「方」相同，指的是「那個方面」、「這個方面」，比「國」的範圍更廣，相當於日語中的「國家（くに）」。由於西元前二〇二年登上皇位的漢高祖名為「劉邦」，因此不能直呼「邦」字。於是，避開「邦」，改用「國」。「國」也才因此具備「國家」的意思。

如果「國」是「都」，那麼「中國」指的究竟是哪裡呢？西元前六世紀末學者孔丘（孔子）親自編纂的《詩經》，〈大雅〉〈生民之什〉詩中寫道：「惠此中國，以綏四方。」注疏解釋：「中國，京師也。」「京師」指的就是首都。由於是正中央的「都」，當然指的就是首都。

中國與蠻夷

「中國」原本的意思是首都。之後被當作比首都更廣泛的意義使用。西漢太史令司馬遷，為了紀念西元前一〇四年的曆法改革而開始撰寫的《史記》，在當中的〈孝武本紀〉和〈封禪書〉，作為發生在西元前一一三年的事情記錄，寫道：「天下名山八，而三在蠻夷，五在中國。中國華山、首山、太室、泰山、東萊，此五山黃帝之所常遊，與神會。」

「天下」與現在的「中國」意思相同，指的是人類居住的世界。這裡分為「蠻夷」和「中國」，「蠻夷」指的是與「中國」居住民擁有不同生活習慣的人。這個「蠻夷」居住的世界裡有三座名山，剩下的五座名山則在「中國」。

這裡的「中國」相當於自現在的陝西省渭河流域開始，經過河南省的黃河中游，一直到山東省，屬於東西狹長的地帶。首先，「華山」位於陝西省華陰縣的南邊，作為五岳之一，被稱作「西岳」。「首山」也就是神話中，黃帝採銅，於荊山下鑄鼎的「首山」，位於河南省襄城縣的南邊。「太室」位於河南省登封縣的北邊，別名「嵩山」，同樣作為五岳之一，被稱作「東岳」，是著名的東方名山。最後的「東萊」又名「萊山」，同樣位於山東省的黃縣東南方，戰國時代的齊國在這裡祭祀月主。《史記》沒有記載「蠻夷」的三座名山，但總而言之，東西狹長延伸的地帶，就是西元前一〇〇年左右的「中國」。

China 的語源起自秦朝

如上所述，最初的「中國」僅限夏、殷、周過去首都所在的陝西省、河南省、山東省，但之後逐漸擴張，成為代表現在「中國」的名詞，而這背後其實受到十七世紀滿洲人和現代日本人的影響。

首先來看滿洲人。自一六一六年努爾哈赤建立後金國起，直到清順治帝為止的約三十年間，都是獨立於山海關的東邊。到了一六四四年，明朝自取滅亡，中國失去了統治者，順治帝於是進入北京坐上皇位。就這樣，滿洲語稱經過整合的滿洲和中國為「dulimbai gurun」。「dulimba」代表「正中央」，「i」是「的」，「gurun」則是「國」，漢字寫作「中國」。相對於此，將其他的蒙古、西藏，以及說著突厥語的伊斯蘭教徒總稱「tulergi」，代表「外面」的意思，漢字寫作「外藩」（外面的藩籬）。這是「中國」的第三種意思。

第四的「中國」，也就是現代所說的「中國」，由來自日語的「支那」。

接下來說明現在「中國」這個稱呼的起源。現在中國國土的中央部分，在春秋、戰國時代多國割據。秦始皇於西元前二二一年將其統一，成為了最初的皇帝。外國人於是將這個地方稱作「秦」，當地的人民稱作「秦人」。秦雖然於西元前二〇六年滅亡，但這個稱呼永久保存了下來。

漢武帝於西元前八九年下詔停止外征，詔書中有一句寫道：「匈奴縛馬前後足，置城下，馳言『秦人，我丐若馬』。」這出自西元一世紀東漢歷史家班固所著的《漢書》〈西域傳〉。從這個記載中可以看出，就算到了漢朝，匈奴等外國人依舊將中國稱作「秦」，將中國人稱作「秦人」。

這個「秦」進入波斯語系成了「Chin」，進入阿拉伯語系成了「Sin」。印度各語系稱「秦」為「Cina」、「秦國」為「Cinasthana」，等到東漢開始漢譯佛教經典的時候，「Cina」和「Cinasthana」分別被音譯為「支那」和「震旦」。

另一方面，葡萄牙人自一四一五年進攻休達（Ceuta）起，開始將重點放在繞非洲的航路上。一四八七年，巴爾托洛梅烏．迪亞士到達好望角，一四九八年，瓦斯科．達伽馬抵達印度的科澤科德。葡萄牙人在印度時聽說在更東邊的地方，有一個名為「Cina」的國家，藝術興盛。葡萄牙人是在一五一一年占領馬來半島的麻六甲後才實際遇到「Cina」的商船。一五五七年，葡萄牙人獲得「Cina」，也就是明朝嘉靖帝的許可，得以定居澳門並通商。

就這樣，「Cina」之名透過葡萄牙語傳到其他歐洲語系。現在的中國，英語稱作「China」、法語稱作「Chine」、德語稱作「China」、義大利語稱作「Cina」，皆是源自葡萄牙語。

從支那到中國

在日本，一七〇八年，出生於義大利西西里島的傳教士希多啟（Giovanni Battista Sidotti）立志在日本宣教，以和服帶刀之姿隻身來到屋久島，但立刻遭到逮捕。翌年，他在江戶接受輔佐六代將軍德川家宣的新井白石四次的問訊，被幽禁在小石川的吉利支丹（基督教徒）宅邸，於一七一四年死去。

新井白石根據希多啟所說，寫成《采覽異言》（一七一三年）、《西洋紀聞》（一七一五年），以歐洲人的知識為基礎，描繪世界的形狀。發現歐洲人將日本人稱作「漢土」或「唐土」的地方稱作「Cina」，於是從古代漢譯佛典當中找出「支那」的音譯詞彙，加以使用。自此之後，「支那」就成為了「China」等的固定翻譯，所有人都開始使用「支那」這個字。

一八五四年，日本開國，積極朝著西洋化的路線邁進。清國蔑視此舉，一八九四年起至翌一八九五年止，發生日清戰爭。戰敗的清國受到很大的衝擊，便以日本為範本，開始實施西洋化。翌一八九六年，派遣第一批留學生前往日本。之後每年遞增的留學生，在日本發現原來日本人將自己的故鄉稱作「支那」。至今為止的清國，對於皇帝君臨的範圍沒有特別的稱呼，因此一開始跟著日本人的習慣，稱自己的國土為「支那」，自己為「支那人」。

然而，「支那」沒有特別的意思，對於屬於表意文字的漢字來說很不方便。以表意來說，「支」代表「庶子」、「那」代表「那個」的意思。於是，便逐漸擴張「中國」的意思，取代「支那」的稱呼；這是十九世紀末至二十世紀初的發展，「中國」一直到這個時候，才成為代表全國的稱呼。

二、中國文明的五個時代

國民國家的誕生

假設「中國」的起源是「支那」，接下來將目光移到「中國人的民族國家」。

現代日語許多都是歐洲諸語的轉換，但歐洲語當中並沒有「民族」這個詞彙。「民族國家」指的其實是「國民國家」（nation-state）。

中國少有「國民」二字的古例，但歐洲的每一個語種都有這個字。英語是「nation」、法語是「nation」、德語是「Nation」，這些都源自拉丁語的「natio」，代表「出生」之意。地中海世界和西歐最古老的大學是義大利的波隆那大學，以拉丁語進行教學。學生根據出身地區組成互助組織「natio」。也就是說，「natio」代表「地方出身」的意思。到了十九世紀的日本，被轉變成「國民」的意思使用。

接下來是「國家」。在中國，「國家」一開始是代表「國與家」、「公領域和私生活」的相對用語。到了東漢末，開始代表「皇帝陛下」、「天子」之意。

一七八三年，美國的英國殖民地獨立，一七八九年喬治・華盛頓就任美利堅合眾國第一代總統。獨立十三州分別稱作「state」或「commonwealth」。英語的「state」和法語的「état」、德語的「Staat」相同，皆源自拉丁語的「status」。「status」代表「站立、位置、地位、身分、財產」之意，由於獨立的十三州是奪取王的財產成為市民的財產，因此使用這個字。「commonwealth」代表「市民的共有財產」，來自同樣的觀念。

同樣在一七八九年，歐洲大陸的法國點燃革命之火，攻占巴士底監獄。終於在一八〇四年，拿破崙・波拿巴當上皇帝，法國革命告終。在這裡，「國民」（nation）被認為是「財產＝國家」（state）理念上的所有權者，於是誕生了「國民國家」（nation-state）。

就這樣，日本人所認知的「國民」這個概念，是在十八世紀末美利堅合眾國的獨立與法國革命之後所誕生。國民國家（nation-state）取代了至今為止作為王世襲財產的王國（kingdom），也就是出現了擁有清楚的國境、居住在國境內的人們大家說著相同的語言、共享作為國民的連帶意識、在一個中央政府之下整合的共和國概念。

由漢字連結的中國文化圈

在我們現在稱作「中國」的東亞大陸，也有相同的情形。現在的中國，也就是中華人民共和國的國民，大多數都被分類為「漢族」。其他所謂的少數民族則分為壯族、回族、維吾爾族、彝族、藏族、苗族、滿族、蒙古族等。這樣的區分方式看起來好像有一個名為漢族的單一民族，但其實只是與少數民族對照之下的結果。

十九世紀末至二十世紀初的日本，日本人全都是天照大神子孫的思想成為正統。中國人模仿這樣的作法，主張漢族全都是繼承神話中最初的帝王——黃帝血脈的子孫，產生了中國是相當於「黃帝子孫」的「中華民族」的國家，這樣的觀念。這是一八九五年，中國在日清戰爭中敗給日本，決心近代化、西歐化之後的事；在此之前，就連現在被稱作「漢族」的人們之間，也不存在屬於同一民族的連帶感。

取代「血脈」、「語言」的身分認同而存在的是，使用「漢字」這個表意文字體系的溝通交流，其適用的範圍就是中國文化圈，參與其中的人就是中國人。

五個時代的區分

因此，本書不採取以漢族為中心的中國人、作為國民歷史的中國史形式。在這裡是以近代中華民族或是漢族等觀念形成之前的時代為中心，論述生活在相當於現在中國地區的各個種族，以及他們的生活環境。

在東亞的大陸地區，當然是從西元前二二一年秦始皇的統一開始，出現適合被稱作「支那＝中國」（China）的政治統一體。從這時開啟的中國歷史，在各個時代當中，根據可適用「中國」觀念的地域的擴張，和納入「中國人」的人群範圍為基準來區分，大致可以分為三個時期。

從西元前二二一年的秦始皇的最初統一開始，至五八九年隋文帝的再統一為止是第一期；一二七六年（本書以杭州淪陷為南宋的滅亡）的元世祖忽必烈汗的南北統一為第二期；之後一直到一八九五年日清戰爭敗戰為止為第三期，共分為八百年、七百年、六百年的三個時期，方便考察。

也就是說，西元前二二一年以前的時代是「中國」以前的時代。這個時代，是後來漢人的祖先與各個種族接觸，創造出商業都市文明的時代。另外，一八九五年之後的時代可說是「中國」以後的時代，對於中國人而言的歷史超越了「中國」的範圍，變成會受到外面大小事情的影響。

接下來依序探討中國以前的時代（？—西元前二二一年）、中國史的第一期（西元前二二一年—西元五八九年）、中國史的第二期（五八九年—一二七六年）、中國史的第三期（一二七六年—一八九五年）、中國以後的時代（一八九五年—），各時代文明的樣貌。

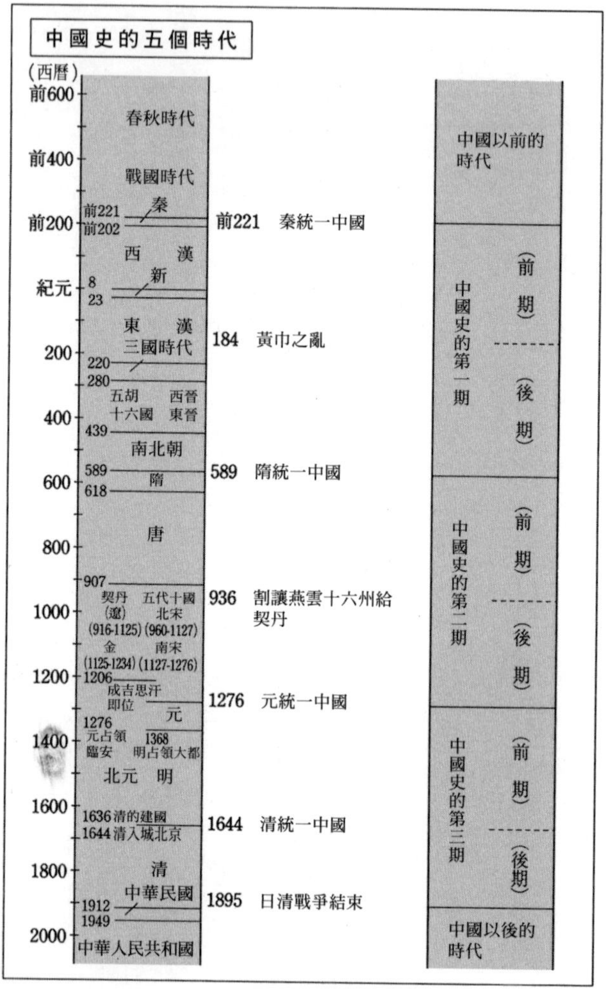
中國史的五個時代
(西曆)
前600
前400
前200
紀元
200
400
600
800
1000
1200
1400
1600
1800
2000
春秋時代
戰國時代
秦
前221
前202
西漢
新
8
23
東漢
三國時代
220
280
五胡十六國
西晉
東晉
439
南北朝
589
隋
618
唐
907
契丹(遼)(916-1125)
五代十國
北宋(960-1127)
金(1125-1234)
南宋(1127-1276)
1206
成吉思汗即位
元
1276 元占領臨安
1368 明占領大都
北元
明
1636 清的建國
1644 清入城北京
清
中華民國
1912
1949
中華人民共和國
前221 秦統一中國
184 黃巾之亂
589 隋統一中國
936 割讓燕雲十六州給契丹
1276 元統一中國
1644 清統一中國
1895 日清戰爭結束
中國以前的時代
中國史的第一期
(前期)
(後期)
中國史的第二期
(前期)
(後期)
中國史的第三期
(前期)
(後期)
中國以後的時代

第一章

中國以前的時代：

各種族的接觸和商業都市文明的成立

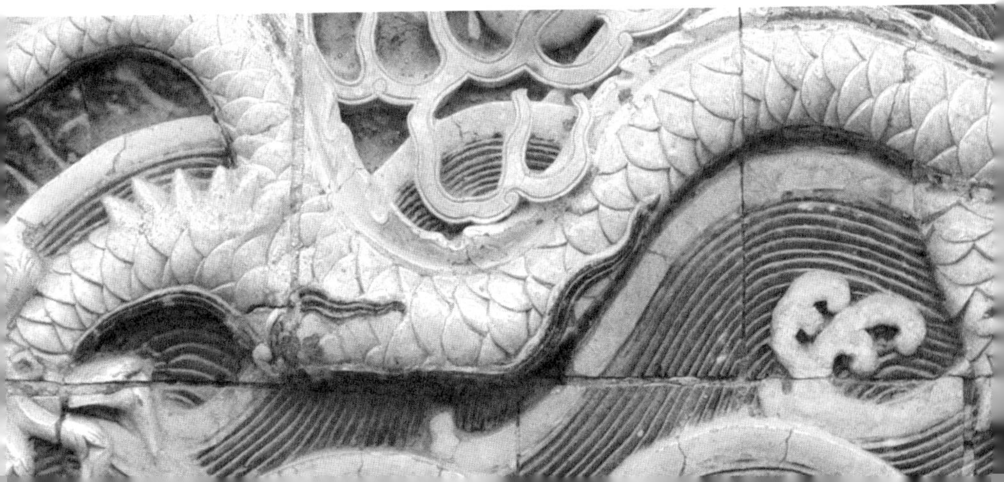

一、中國文明的原型

神話時代的五帝

在中國，最初撰寫通史的歷史學家是西元前一世紀初編纂《史記》的司馬遷。《史記》一開始有一篇〈五帝本紀〉，當中描繪歷史之初，君臨東亞世界的黃帝、帝顓頊、帝嚳、帝堯、帝舜等五「帝」的理想治世。

根據當中的記載，黃帝一出生就是神靈，年幼就很會說話。黃帝與炎帝大戰後獲勝，在與蚩尤之戰中殺了蚩尤，於是諸侯尊他為天子。他登上東西南北的山，驅逐北方的葷粥（匈奴）。雖在琢鹿山（河北省琢鹿縣的西南）的山麓建立都邑，但遷徙往來無常處，以師兵為營衛。黃帝共有二十五個兒子，其中十四人各自成為了該姓氏的祖先。

帝顓頊是黃帝的孫子。

帝嚳是黃帝的曾孫。

帝堯是帝嚳的兒子。帝堯根據天象數日月星辰，將一年分為三百六十六日，並設置閏月。當時，洪水氾濫，幾乎與天相接，於是命鯀治水，但花了九年的時間也不見成效。期間，堯逐漸衰老，立舜為繼承人，並將兩個女兒下嫁嬀水（山西省的永濟縣）。舜成為帝堯的攝政，利用渾天儀（顯現天體形狀的儀器）測量日、月、五行星，祭祀上帝和眾神，在東方的羽山殺了鯀。帝堯死後，由舜繼承。

帝舜是帝顓頊的六世孫。帝舜推舉二十二位名臣為官，當中又以禹的功勞最大。他披九山，通九澤，決九河，定九州。帝舜南巡，死在蒼梧之野，葬在江南的九疑，是為零陵（湖南省的零陵縣）。以上是〈五帝本紀〉的摘要。

說到「帝」是什麼？這個字如果加上「口」，就是「適」、「敵」、「嫡」等字的偏旁，可見原本是「配偶」的意思，也就是被認為是都市始祖母神的配偶——天神。因此，〈五帝本紀〉描述的是神話的時代，而不是人類世界的歷史。

在最古老的傳說當中，從禹開始的夏朝被認為是人類世界最初的王朝。

至今依舊沒有確切可以證明這個傳說中的王朝實際存在的遺物或遺跡，但就算進入歷史時代之後，有許多自稱是這個王朝子孫的團體和都市，因此夏朝被認為實際存在。夏朝沿著黃河中流的溪谷，以洛陽盆地為中心，統治利用內陸水路向東方、東南方、南方擴展的商業都市網絡，成為了東亞最初的廣域政治組織。

二、黃河文明——黃河與洛陽盆地

水路的體系化

黃河中游的溪谷之所以會誕生都市文明，並不是因為這個地方的生產力高，反而是因為黃河阻礙交通的關係。

黃河源自青海省的高原向東流，迂迴積石山（A mye rma chen）後轉向東北，穿過甘肅省的南部，在寧夏回族自治區出蒙古高原，從陰山山脈的南麓向東流。

古時候的黃河直接繼續向東流入內蒙古自治區，成為桑乾河水系，在北京市流入渤海灣，但後來因為地殼變動而改變了流向。地殼變動後，黃河變成一股急流南下，在區隔山西省和陝西省高原的同時，又遭遇秦嶺山脈的北麓，搶奪渭河向東流。

這附近的兩岸是黃土層的懸崖峭壁，有些地方垂直聳立高達一百七十公尺，再加上河水湍急，幾乎沒有適合渡河的地方。

黃河在抵達開封市北邊的時候，河北的山西高原和河南的秦嶺山脈也到了盡頭，於是河水流入一片大平原，流速也因此急速下降。與此同時，水中含有的大量泥沙沉澱河底。每立方公尺的河水所包含的泥沙每年平均三十四公斤，泥沙的堆積造成河底以百年三十公分的速度增高，成為懸河，容易氾濫。在過去的三千年之間，黃河平均每二年氾濫一次，帶給人們巨大的災害。

看到現在的地圖，黃河自開封市的北邊流向東北，注入渤海灣。然而，這是因為西元前二二一年秦始皇統一之後才有可能成為現在的樣子，這是每年持續不斷進行治水工程的結果，可說是人工的產物。

自古以來黃河下游在開封市的北方就有許多細小的分支，北從北京，南至徐州市，在河北省和山東省平原網狀分布，被稱作九河。由這些分支形成的三角洲稱作九州。這個黃河三角洲的南邊與淮河三角洲重疊，淮河三角洲的南邊又與長江三角洲（江西省的九江市以東）重疊。

就這樣，如果能夠善用黃河、淮河、長江下游的多條分支，以及與這些分支所形成的湖沼複雜交錯的水路，則北可至現在的河北省、山東省、河南省的平原，南可抵江蘇省、安徽省，以及浙江省、江西省。換句話說，可以利用小船航行於黃河與杭州灣之間的內陸部。秦始皇統一後開始將這條水路人工建造成運河，隋朝重新統一之後，隋煬帝開通大運河，將水路體系化。

南船與北馬相會之處

然而，與南北交通的便利性相反，黃河的氾濫和流向的激烈改變，隨時威脅所謂「中原」低地居民的生命。為此，在水利工程以前的時代，古老的聚落全部都集中在遠離河邊的山腰或丘陵地。看到古代的都市國家分布，都是沿著山西高原東緣的太行山脈東麓。往東，都市國家建設在幾個平原上的

隋煬帝的大運河（江蘇省揚州市）

丘陵地，直到山東省的泰山山塊。

由於這個區域的海拔高度非常低，地下水位高，但含有很高的鹽分，水質不佳，很難取得適合人們飲用的水。就算是現在，看到地圖，連接中國南北的重要鐵路幹線京廣線，走的不是東方的平原部，而是靠西沿著太行山脈行走，且愈接近東邊的渤海灣岸，聚落愈稀疏，人口也愈稀薄。也就是說，雖說是「中原」，但平原部的環境其實不適合人類居住。

相反地，秦嶺山脈東端環抱的洛陽盆地沒有受到黃河氾濫直接的威脅，貫穿盆地的洛河和其分支伊河，僅需要原始的技術就足以進行灌溉工程。不僅如此，最重要的是，洛陽盆地是連接東亞南北陸路與水路的節點。

如前所述，洛陽盆地以西，黃河兩岸的天險與急流成為交通的障礙；在洛陽盆地的東方，則因為常年的氾濫與水路的變化，也是交通的障礙。僅有自洛陽起往東，直到開封為止的約二百公里流速緩慢，兩岸低，水路安定，可以輕易地從南到北或從北到南渡河。

而且，這個區間的北側是東北亞、北亞、中亞陸上交通的交會地，南側則是通往東海、南海、印度洋的水上交通集中地。所謂「南船北馬」，「南船」與「北馬」就是在以洛陽盆地為中心的黃河中游岸邊相會。

三、絲綢之路與毛皮之路、海上絲路

水路交通的要衝

從洛陽盆地往北渡黃河，就可以來到「河內」地。從這裡登上羊腸坂，出山西高原，從南向北經過太原的盆地、忻縣的盆地、代縣的盆地、大同的盆地，出南蒙古的草原。

從這裡開始分成兩條路，往西經過河西走廊的北側，抵達天山山脈的東端，從這裡再沿著天山山脈的北麓，經過伊犁河的溪谷、楚河的溪谷，出錫爾河畔。也可以從這附近開始繞鹹海南側、裏海的北側，從伏爾加河、頓河出黑海。另外，從錫爾河畔南下，渡過阿姆河就是伊朗高原，橫跨底格里斯河、幼發拉底河上游，就可以出地中海東岸。不用說，這就是所謂的「絲綢之路」。

從南蒙古向西北，跨過戈壁沙漠，抵達肯特山，順著頓河往下游，或是經由翁金河出鄂爾渾河，就可以抵達北蒙古的中心部。

從這裡往西，跨過杭愛山脈、阿爾泰山脈，就可以抵達天山山脈的東端，經由剛才所說的路線連接「絲路」。另外，從北蒙古順著色楞格河而下，出

非漢中心史觀的建構

東亞的地勢和以洛陽盆地為起點的交通路線

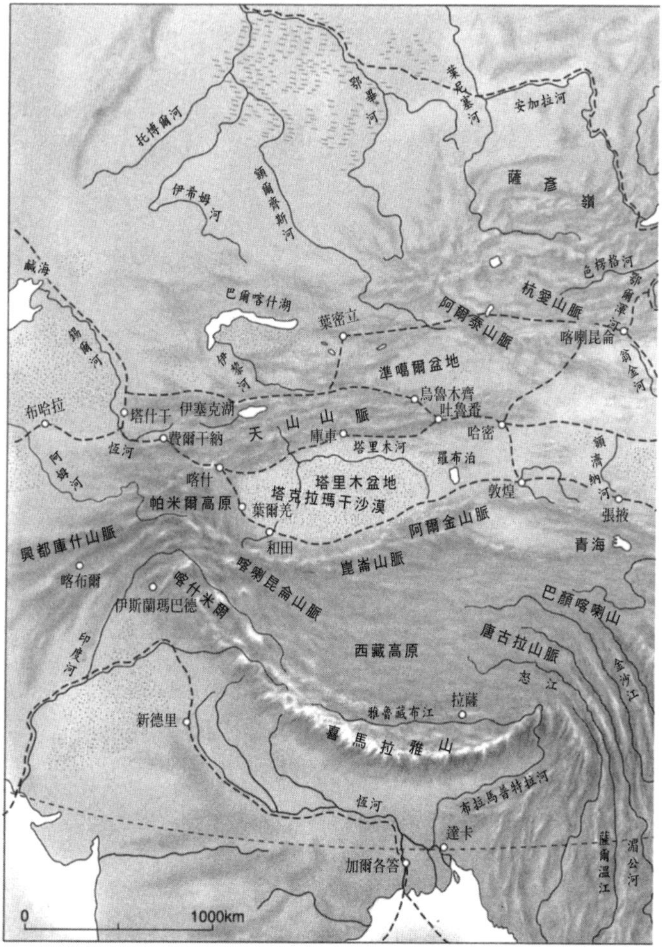
托博爾河
伊希姆河
額爾齊斯河
鄂畢河
葉尼塞河
安加拉河
薩彥嶺
色楞格河
鄂爾渾河
杭愛山脈
阿爾泰山脈
喀喇昆侖
翁金河
鹹海
錫爾河
巴爾喀什湖
葉密立
伊犁河
準噶爾盆地
烏魯木齊
吐魯番
哈密
布哈拉
塔什干
伊塞克湖
天山山脈
費爾干納
庫車
塔里木河
羅布泊
阿姆河
恆河
喀什
塔里木盆地
塔克拉瑪干沙漠
帕米爾高原
葉爾羌
和田
敦煌
額濟納河
張掖
阿爾金山脈
青海
興都庫什山脈
喀布爾
喀什米爾
伊斯蘭瑪巴德
喀喇昆侖山脈
崑崙山脈
巴顏喀喇山
唐古拉山脈
西藏高原
怒江
金沙江
印度河
拉薩
雅魯藏布江
新德里
喜馬拉雅山
布拉馬普特拉河
恆河
達卡
加爾各答
薩爾溫江
湄公河
0
1000km

貝加爾湖，再沿著安加拉河而下，從與葉尼塞河的交接處沿克季河往下，出鄂畢河，再沿鄂畢河往下游，從與額爾齊斯河的交接處沿額爾齊斯河往上游前進，進入托博爾河，再進入土拉河，從這個河源越過烏拉爾山脈，就可以抵達卡馬河上游。

從卡馬河沿伏爾加河往上可以出波羅的海，沿伏爾加河往下可以經由頓河出黑海。這是古代西伯利亞的「毛皮之路」。

就像這樣，從洛陽盆地往北經過山西高原，出蒙古高原的貿易路線，與地中海、黑海、波羅的海相連。

往朝鮮半島和日本列島的路線

從洛陽盆地經過河內，往東北方向沿著太行山脈東麓，路線在北京分為兩條。

西北是往蒙古高原的路。往東北則進入灤河的溪谷，在平泉縣越過山頭，就可以抵達遼寧省的凌源縣。從凌源縣沿著大凌河而下，出遼河三角洲。從這裡繞一大圈，從瀋陽市的西北渡遼河。

從瀋陽開始，路線分為南北兩條。往北沿松花江而下，可以出黑龍江，也可以上溯松花江，從圖們江出日本海。這是將東北中國、東部西伯利亞森林生產的朝鮮人參和毛皮等運往中原的路線。

另外，從瀋陽沿遼河的東岸南下可以抵達遼陽市，這裡是前往朝鮮半島的入口。從遼陽往東南走陸路，渡鴨綠江、清川江，可以抵達大同江畔的平壤。

從平壤往南，可以利用內陸水路穿越朝鮮半島。從平壤沿大同江往下，在江口附近進入從南而來匯流的載寧江。從分支的瑞興江溪谷，在車嶺越過滅惡山脈，出禮成江，從這裡南下，就可以出漢江口。

置江華島在右方，沿著漢江往上游，從最南邊的忠州鳥嶺越過小白山脈、出聞慶，沿著洛東江南下，從釜山出朝鮮海峽。

越過朝鮮海峽，經由對馬、壹岐，可以抵達北九州的博多灣，再從關門海峽經由瀨戶內海進入大阪灣，從這裡沿淀川上溯出琵琶湖或是日本海，或是沿大和川向上，從奈良盆地穿過伊勢灣，最後抵達太平洋沿岸的關東地方。

這是從遼陽往東南，前往朝鮮半島、日本列島的路線。

南道和北道

如果從洛陽盆地往西，經由黃河南邊的函谷關、潼關，進入渭河的溪谷，越過六盤山出黃河上游，從這裡穿過河西走廊西北出玉門關，就可以抵達東土耳其斯坦。

從這裡經由塔克拉瑪干沙漠南邊的且末、民豐、于田、和田、莎車的綠洲，抵達喀什的路線稱為「南道」，繞北邊沿著天山山脈南路，經由哈密、吐魯番、焉耆、庫車、阿克蘇的綠洲，抵達喀什的路線稱為「北道」，兩者共同成為「絲路」的東半部。

從喀什越過帕米爾高原，出錫爾河上游費爾干納盆地，在這裡與「絲路」的西半部連接。也就是說，洛陽盆地位於「絲路」的東端。

從洛陽盆地越過東南的嵩山，就可以抵達登封、禹縣，進入潁河上游。不僅是潁河，河南省附近有許多從西北往東南平行流動的淮河支流，舟行方便。從禹縣沿著潁河往下，就可以在正陽關與淮河的主流匯合。

如前所述，淮河往東流有許多支流，形成巨大的湖沼和三角洲。這與東南長江下游的三角洲重疊，形成南至杭州灣的內陸水路網絡。從杭州灣則有前往福建省海岸、台灣島、琉球群島的海上交通路線。

另外，淮河三角洲的北端一直延續到山東半島南邊的海州灣，山東半島南岸有許多天然的良港，古代的琅邪郡非常出名，現在則是臨膠州灣的青島市繁榮發展。也就是說，洛陽盆地是往東南方、淮河與東海擴展的內陸水路的起點。

前往海上的路線

從洛陽盆地向南，繞伏牛山地的東麓抵達南陽市，從這裡可以乘船下白河，在襄樊市出漢江。沿著漢江而下，就可以出長江中游。從長江上溯，在岳陽進入洞庭湖，一邊沿著湘江往上游，一邊跨越湖南省的南邊，進入廣西壯族自治區。湘江的上源接近灕江的上游，這裡有據說是秦始皇開鑿的靈渠的運河，連接湘江和灕江。沿著灕江而下，在梧州市出西江。西江接近廣州市，與北江、東江合流成為珠江，注入南海。

出了南海之後，經過雷州半島和海南島之間進入東京灣，沿著中南半島東岸南下，橫越西邊的泰國灣，在克拉地峽橫越馬來半島後出印度洋。或是繞馬來半島經過麻六甲海峽出印度洋。

從這裡經由尼科巴群島、安達曼群島橫跨孟加拉灣，抵達印度次大陸的馬拉巴海岸，繞科摩林角進入阿拉伯海。又或是從孟加拉灣沿恆河往上出旁遮普，順著印度河而下，出阿拉伯海。從阿拉伯海進入波斯灣或紅海，聯絡地中海。這條「海上絲路」也是洛陽盆地向南擴展的內陸水路的延長。

就像這樣，洛陽盆地東與日本列島、朝鮮半島、東西伯利亞相連，北與波羅的海、黑海相連，西與中亞、西亞、地中海相連，南與印度洋、阿拉伯海、波斯灣、紅海相連，如此所有的水路交通都集中在一個點上。

不僅如此，洛陽盆地位於東北亞、北亞寒冷乾燥的氣候帶與東南亞溫暖濕潤的氣候帶接觸的邊緣線上，自古以來，生活型態不同的諸民族就圍繞著洛陽盆地。

這條線指的是北緯三十五度線，與西藏高原向東延伸的秦嶺山脈和其北麓的渭河、黃河中游幾乎一致。這條北緯三十五度線又在東方山東半島的南側出東海，經過朝鮮半島的南端，東西橫跨日本列島的本州，從房總半島出太平洋。這條線將東亞分成東北部和東南部，中國大陸將其視為是華中、華南稻作地帶和華北麥作地帶的界線。

四、中華與四夷

最初的中國人是夏人

中國的古文獻將非中國人分為「蠻、夷、戎、狄」四類，分別位於四個方位，這是以洛陽盆地為中心，對於各個住地居民的稱呼。

當中，「東夷」是黃河、淮河下游大三角洲地帶的居民，靠著農耕和漁撈維生。「夷」字結合「弓」與「大」，發音與「低」、「底」、「柢」相同，代表「低地人」的意思。

「南蠻」指的是河南省西部、陝西省南部、四川省東部、湖北省西部、湖南省西部山地的燒墾農耕民。

「西戎」指的是陝西省、甘肅省南部的草原遊牧民。

「北狄」指的是山西高原、南蒙古、大興安嶺的狩獵民。現在這附近的森林很少，但在過去覆蓋著楓樹、椴樹、樺木、紅松、櫟樹、胡桃樹、榆木等的森林。住在這些森林裡的是「狄」，由於西元一世紀左右，蒙古高原的遊牧民南下，樹皮被家畜食用破壞，森林於是在十三到十四世紀的元代左右，

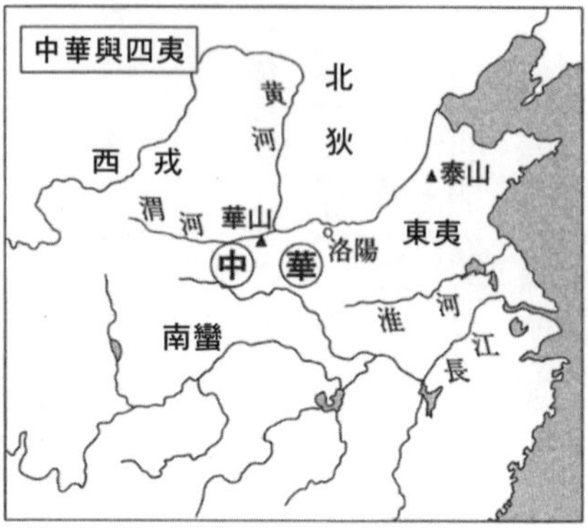

幾乎全部消滅。隨著森林的後退，狩獵民的生活圈被限制在遼河以東，十二世紀女直族（日本一般的稱法「女真」出自宋、高麗、朝鮮的文獻。《遼史》、《金史》、《元史》、《明史》皆寫作「女直」，因此本書採用「女直」）建立的金朝、十七世紀滿洲族建立的清朝皆是興起於遼河以東的森林地帶。

與擁有這四種生活型態的種族的生活圈接觸的是洛陽盆地四周。相對於「蠻、夷、戎、狄」——簡稱為「四夷」，後來漢族的遠祖稱為「中華」，這是取自洛陽盆地西端、洛河發源地的「華山」。「中華」又稱作「諸夏」或「華夏」，這是取自黃河文明最初的王朝夏朝，所以夏人也就是最初的中國人。

五、夏——「夷」的王朝

水路帶來的文明

根據《史記》〈夏本紀〉的記述，夏的第一代王是禹。禹的父親是鯀。當帝堯是眾神之王的時候，洪水淹沒人間、直到天界，為人們帶來巨大的災害。堯命鯀治水，但花費了九年的時間洪水仍不平息。鯀被殺，由他的兒子禹繼承治水工作。堯死後由舜擔任眾神之王。禹花費了十三年的時間開闢水路、開通陸路、開掘湖沼，決定了山脈的位置。也就是說，禹是創造中國山川的神。

舜向上天推薦禹作為自己的繼承人，但舜死的時候，禹顧及舜的兒子而推辭，隱居陽城（河南省登封縣）。然而，諸侯皆離開了舜的兒子來到禹的身邊，禹終於即位，定國號為「夏后」。這就是夏王朝的開始。禹在巡視東方時，死於會稽山（浙江省紹興縣之南）。禹與塗山（安徽省蚌埠市之南）的女神所生的兒子啟，即位成為第二代的夏后。

《史記》雖然沒有記載夏朝王都的位置，但說到啟的兒子，也就是第三代夏后的太康遭到驅逐、失去王位時，其兄弟五人在洛河與黃河的匯流處等候他的歸來。從這一段故事可以推測王都位於洛陽盆地。

從洛陽盆地越過嵩山往南可以抵達登封縣，這裡也是夏人的殖民地，從登封縣向東南沿著潁水而下，在進入淮河主流的地方到下游的塗山，祭祀的是高祖母神，從塗山經由淮河的支流與湖泊、沼澤出長江，再經過長江三角洲出杭州灣，南岸就是會稽山。會稽山有禹的墳墓。這些用從西北往東南延伸的內陸水路連接的地帶，就是傳說中夏人的分布地。

也就是說，夏人從南方經由水路將都市文明帶進黃河中游。作為證據，歷史時代實際存在的夏人都市都是位於秦嶺山脈南麓的水路北端的船隻停靠地。

夏人的都市

其中一個都市是河南省杞縣，也就是位於淮河支流惠濟河畔的都市，這裡在春秋時期是杞國，於西元前四四五年被楚國滅亡。根據司馬遷《史記》〈陳杞世家〉的記載，杞是夏后禹的苗裔（後代子孫），第一代名為東樓公之人是在周武王征服殷之後獲封於杞，掌管夏后的祭祀。

另外，陝西省漢中縣北邊名為褒城的都市是過去西周時代的褒國，位於褒水與漢江匯合之處。成為西周滅亡原因的幽王（西元前七八二—前七七一年在位），他的不笑王后褒姒，這個「姒」就是夏的姓。根據《史記》〈周本紀〉的記載，過去在夏后氏衰弱的時候，兩條龍停在夏的朝廷，說道：「余，褒之二君也。」夏后收起龍涎裝進箱子裡，夏朝滅亡後，這個箱子傳給了殷，殷滅亡後傳給了周。周厲王（？—西元前八四一年在位）打開這個箱子，龍涎流灑朝廷，無法收拾。龍涎化成蜥蜴，進入王的後宮，遇到了乳牙剛掉的年幼宮女。宮女長大後沒有成親卻懷孕，生下了一個女兒，她就是褒姒。

這個故事主要是說，龍是夏人的祖先神，而褒是夏人之國。從褒城向北，在大散關越過秦嶺山脈，就可以從寶雞市進入「絲路」。也就是說，褒國在透過漢江與南方連接的同時，也與北方的「絲路」連結，是水陸兩大貿易路線的節點。褒城南邊的漢中縣是西周的副都，也是過去王宮所在的南鄭故地。

此外，司馬遷在《史記》〈貨殖列傳〉當中，記述西元前一〇〇年左右的中國人文地理：「潁川（河南省禹縣）、南陽（河南省南陽市），夏人之居也。夏人政尚忠朴，猶有先王之遺風。潁川敦愿，秦末世，遷不軌之民於南陽。南陽西通武關（陝西省商縣之東。前往渭河溪谷的關中的入口）、鄖關（陝西省洵陽縣。前往漢江溪谷的漢中的入口），東南受漢、江、淮。宛（南陽市）亦一都會也。俗雜好事，業多賈。其任俠，交通潁川，故至今謂之『夏人』。」根據這裡的記載，河南省的禹縣和南陽就算到了司馬遷的時代，依舊被認為是夏人的都市。這兩個都市位於秦嶺山脈南側，是前往東南方、南方內陸水路的起點。

以龍神為祖先的王朝

在前述褒姒的故事當中也有登場，夏朝的諸王有許多與龍相關的故事。根據《史記》〈夏本紀〉的記載，到了夏朝第十四代王——孔甲的時候，天上降下了雌雄兩條龍，為了飼養這兩條龍，於是尋找一個名為劉累的人，賜他為御龍氏。由於雌龍死了，劉累於是給孔甲吃雌龍的肉。孔甲吃完還想再吃。劉累惶恐之下逃往他處。

「龍（grian）」原本是東南亞季風地帶的水神，外表是蛇形，這個名字與東南亞諸語言代表水路之意的「江（kran）」相通。浙江省、福建省、廣東省、越南海岸地區的居民「越」，自古以來就是以中國信仰龍的民族而出名。越栽種稻米，食用米和魚，擅長乘船來往海和河川，擁有在身上刺上龍的紋身來保佑避開水難的風俗。西元前四九六年即位的越王勾踐，他的根據地是禹死去的會稽。根據《史記》〈越王勾踐世家〉的記載，越的諸王是禹的苗裔，而勾踐是夏的第六代王——少康庶子的子孫。從中可以看出夏與龍與東南亞海洋民族之間的關聯，但更值得注意的是，經過了繼承夏王朝的殷王朝、之後的周王朝、再之後的秦王朝，都沒有將帝王與龍連結，是到了漢王朝的時候，龍才再度作為皇帝的象徵登場。

根據《史記》〈高祖本紀〉的記載，漢高祖劉邦是豐邑（江蘇省豐縣）人，他的母親在一個大湖畔休息的時候，在夢裡見到了神。當時雷電交加，四周一片漆黑，他的父親前往的時候，看到在母親之上有一條龍。就這樣懷孕後生下劉邦，天生就有一張龍顏。劉氏讓人聯想到與被夏朝孔甲賜為御龍氏的劉累之間的關聯，而豐縣又位於北緯三十五度南邊、淮河三角洲和黃河三角洲交接的地方，接近稻作地帶的北界。漢朝帝室與龍的關係，果然也與其起源位屬東南有關。追加說明的是，夏朝始祖禹，他的名字代表「蛇」，他的父親鯀，名字代表的是「卵」。也就是說，夏是以龍神為始祖的王朝。

無論如何，夏朝是東夷所建立的王朝。想必最初使用漢字的也是夏人。從長江下游江西省清江縣吳城出土的陶器，上面刻著現在所知形狀最古老的文字。漢字應是在東南方發明後，由夏人帶進洛陽盆地，並在接下來的殷王朝發展出甲骨文字。

六、殷——「狄」的王朝

東北亞的狩獵民族

夏到了十七代君主桀的時候，被殷的君主湯擊敗後流放，殷王朝取代夏王朝。湯王以亳（河南省偃師縣）為都，這裡是洛陽盆地的中心，位於洛陽市的東方、洛河的北岸，而且在附近名為二里頭的地方，發現了殷代前期的大宮殿。也就是說，新興的殷王朝將根據地設在前代夏王朝的中心地。

建立新王朝的殷人原本是從黃河北邊南下的東北亞狩獵民族。根據《史記》〈殷本紀〉的記載，殷人的高祖母神名為簡狄，有娀氏，也就是「戎」，代表是草原遊牧民族之女；當姊妹三人在河水沐浴的時候，看見玄鳥墮下其卵，簡狄吞下而懷孕，生下兒子「契」。

這個女神在野外沐浴，感受到以鳥之姿降臨的天神而懷孕的故事，與大興安嶺以東的東北亞森林地帶狩獵民族的始祖神話相通。夫餘、高句麗、鮮卑也流傳著相同的神話。到了清朝，《舊滿洲檔 天聰九年》五月六日（一六三五年六月二十日）記載，大軍遠征薩哈連烏拉（黑龍江），帶回虎爾哈人穆克希克，他講述了下面這一段故事：

「吾父祖世居布庫哩山麓之布勒瑚里湖。該處無文書檔冊，古來相傳，布勒瑚里湖有三仙女恩古倫、正古倫、佛庫倫來浴，季女佛庫倫得一神鵲啣來朱果，含之入喉，遂有身孕，生布庫哩雍順。其親族即滿洲部也。該布勒瑚里湖周約百里，距黑龍江城一百二三十里。」

看到現在的地圖，故事當中的布庫哩山和布勒瑚里湖應該在黑龍江布拉戈維申斯克附近。這個故事之後變成滿洲人祖先的傳說，故事地點成為了與朝鮮間的國境——長白山。

從這一點可以看出，殷人原本是東北亞的狩獵民族，也就是「北狄」出身。殷人應該是越過山西高原南下，打倒夏王朝。根據董作賓的說法，殷於西元前十六至前十五世紀左右建國。

從第一代君主湯，又名天乙開始，一直到第十九代君主盤庚為止，殷王朝共遷都五次。到了盤庚的時候，國都遷到太行山脈東麓，也就是現在河南省安陽市附近的殷墟；時間據說是西元前一三八四年。約三百年後，周武王討伐殷王朝最後一任君主紂，又名帝辛，樹立了新的王朝；時期據說是西元前一一一一年。

七、周、秦、齊——「戎」的王朝

爭奪中國統一的地位

取代殷王朝的周王朝原本是位於山西高原西南部汾河溪谷的民族，受到遊牧民族「犬戎」的壓迫而遷移到西方，定居陝西省西部渭河上游的岐山之麓，在「戎」和「狄」之間建國。始祖傳說當中，名為姜嫄的女神走進野外，看見巨人的腳印，開心地踏上腳印後，懷孕生下兒子。她將兒子棄之野外，但因為鳥獸都在保護著他，於是最終還是撿回並扶養長大。姜嫄的「姜」是「羌」，是後世知名的東北西藏遊牧民族的名字。她生下的兒子是后稷，他之所以被稱為農稷之神，是因為周人後來逐漸農耕化，但后稷子孫的系譜當中出現「高圉」、「亞圉」等畜牧之神的名字，從中可以看出周人原本並不

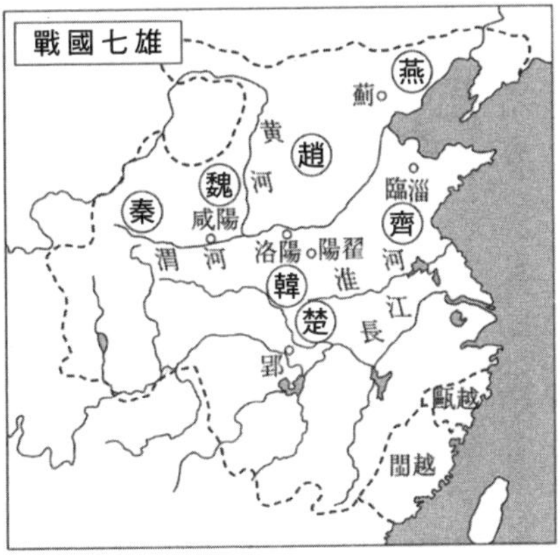

是農耕民。

到了周武王的時候，前進河南省扳倒殷王朝，至其子周成王之時，在洛陽盆地營造新都（成周），當作統治東方領土的中心。不用說，選擇洛陽盆地是因為其位居南北交通要衝。如前所述，至西元前七七一年，周幽王遭遇犬戎入侵而滅亡，繼位的周成王遷到洛陽，定此地為正式的國都，放棄了渭河的溪谷。

取代東遷的周王朝在渭河溪谷發展的，是出身「戎」的秦。關於秦的祖先傳說，系譜中古老的部分大多是借取自他國，可以確定的是，名為秦嬴的人被周孝王（西元前九世紀）封在秦（甘肅省清水縣），任命在那裡養馬；據說至秦穆公（西元前六五九—前六二一年在位）之時，成為西戎的霸主。到了秦穆公第十九代子孫始皇帝（西元前二四六—前二一〇年在位）的時候，秦陸續與華北、華中的諸王國合併，首度完成中國統一。這段期間，一直與秦對抗，爭奪中國統一者地位的是齊王國和楚王國。

齊國最初的統治者太公望，或稱呂尚，是姜姓，亦即出身西戎之一的羌族，隨著周武王滅殷，遷移到營丘（山東省的臨淄），指揮東夷。太公的子孫到了西元前三八六年，侯位被陳國逃亡者的子孫田和所篡，直到田和曾孫的威王（西元前三五六—前三二〇年）時，才首度稱王。總而言之，整個春秋戰國時代華北最繁榮的諸國之一的齊國，原本是西戎的國家。

八、楚——「蠻」的王國

相對於齊國，楚國很明顯是出身「南蠻」的國家。楚在周王朝之初，位於丹陽（湖北省秭歸縣），也就是長江上游、四川省的入口處，逐漸往東推進，到了楚武王（西元前七四一—前六九〇年）的時候，與周對抗而稱王；至其子楚文王（西元前六九〇—前六七七年）時，遷移到了郢（湖北省江陵縣）。

之後的楚頃襄王二十一年（西元前二七八年），郢被秦所占，因而遷移到陳（河南省淮陽縣）。進一步至楚考烈王二十二年（西元前二四一年）時又遷移到壽春（安徽省壽縣），前二二三年時被秦合併。換句話說，楚國出身南蠻，在東夷地發展。

第二章

中國人的誕生

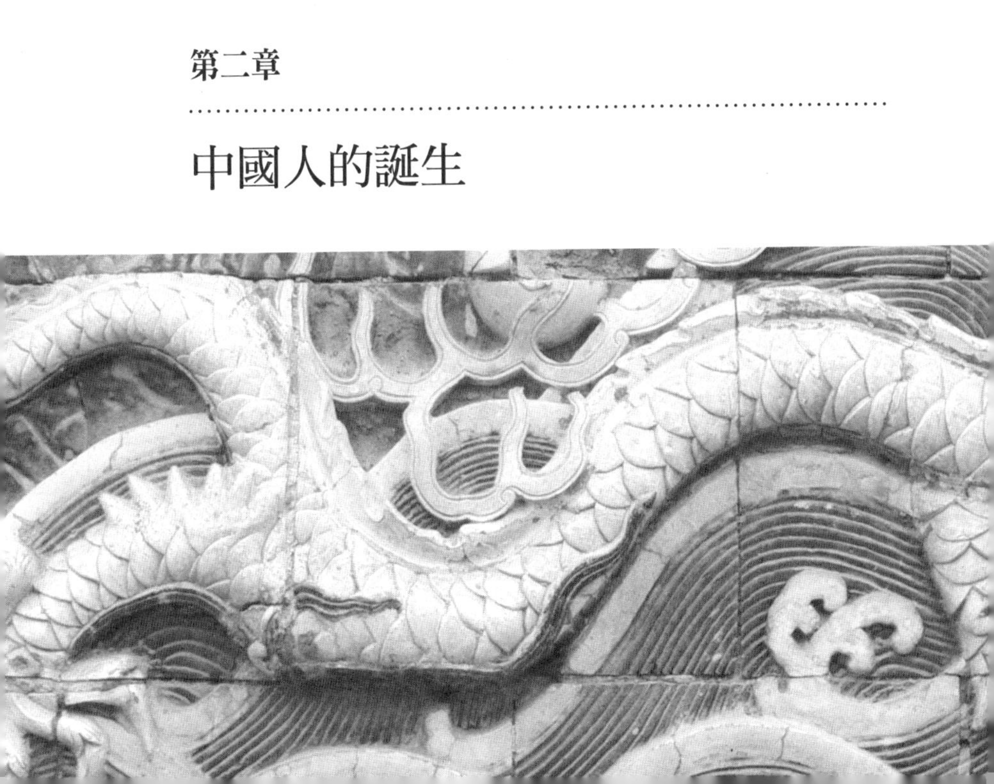

一、中國人是都市民

中國人是文化上的概念

就像這樣，在西元前二二一年秦始皇統一中國之前的中國，也就是中國以前的中國，重複上演著「東夷、西戎、南蠻、北狄」的諸國和諸王朝在洛陽盆地的興起與衰落。那麼，所謂的中國人又是從何而來呢？

中國人，指的是這些種族相互接觸、融合而形成的都市居民，屬於文化上的概念，以人種來說，屬於「蠻」、「夷」、「戎」、「狄」的子孫。

中國都市的特徵是城牆圍繞，直到一九一二年清朝滅亡為止，這都是中國所有都市的共通點。城廓都市才是都市。城牆的形狀根據地形而有所不同，最基本的形狀是位於東西南北四面的正方形城牆，由土砌成。四面各有門，正門是南門。堅固的城門日落關閉，日出開啟。城牆的內側由縱橫分布的大道劃分成多個方形區域，最中心的區塊是王宮。各區塊都築有圍牆，沒有哪一戶人家可以直接從大道進出。家門入口都是面對每一個區塊內進一步縱橫劃分的小路。每一個區塊根據大小而有一、二或四個入口，每個入口都有木門，也與城門相同，日落關閉，日出開啟。日落後會有守衛巡邏大道，如果有人夜晚外出，則會被拘留到隔天早上為止。每一個區塊稱作「里」，之後稱作「坊」，兩者都含有此種取締的意思。

城門、木門的晚間關閉和夜間外出者的取締是一直到一九一二年清朝滅亡為止都持續執行的制度。有權利住在首都城內的是官員、士兵，以及商工業者，都是住在由圍牆環繞的坊里之中彼此相連的集合住宅，過著團體生活。這聽起來給人一種兵營都市的印象，但實際上，城牆區隔了「中國」的空間與外部「蠻、夷、戎、狄」的世界，是非常重要的界線。也就是說，無論是出身哪一個種族的人，只要住進都市、登錄市民戶籍、盡屬於市民義務的勞役和兵役、穿著根據職業規定的服裝，這個人就是中國人，就是「華夏」的人，因此並不存在「中國人」這個人種。就這一層意義而言，中國人屬於文化上的概念。

二、市場——都市的原型

左祖、右社、前朝、後市

《周禮》〈考工記〉是西漢末期、西元前一世紀左右，由儒家古文派整理的文獻，內容包括許多古老的技術傳承。當中關於位在首都城牆內側中央位置的王宮，寫道：「左祖、右社、前朝、後市。」因為中國以南面為前，故這意味著代表王宮南面正門東側為「祖」、西側為「社」，王宮南鄰為「朝」、北鄰為「市」。

「祖」後來進一步轉變成皇帝祭祀祖先的「太廟」，「社」則是祭祀穀物之神的「社稷」，但原本「祖」的原形是「且」，「社」的原形是「土」，皆代表以男性生殖器為形象的柱子，與古希臘的菲勒斯（phallos）相同，功能都是防止宮門外的惡靈入侵。柱子左右對稱豎立在宮門旁。然後內側的「朝」，也就是「朝廷」，是進行朝禮的庭院。從朝廷來看，隔著王宮位於另一方的是「市」，指的當然就是市場。

在朝廷舉行的朝禮，也是一直延續到清朝末年的制度。舉行的日子根據時代而有所不同，但每個月都有指定幾天舉行朝禮。原本應該是在滿月的日子，也就是每月（陰曆）十六日的早晨。每當到了這個日子，皇帝會在午夜二時起來淨身。群臣於午夜四時進宮，在朝廷的石板上，面朝北，根據官階站在指定的地方，這些地方稱作「位」。皇帝向神明奉上祭品後，起駕正殿，群臣根據號令一同向皇帝禮拜。結束後，群臣獲賜祭品之肉後退出朝廷，這時剛好天明、太陽升起，與此同時，王宮北側的市場開始交易。

有趣的是，「朝」和「市」原本同音，從朝禮結束時太陽升起、市場開始交易看來，皇帝祭祀的神應該是守護市場的眾神，而這些神不就是「祖」和「社」嗎？也就是說，王宮四周的圍牆原本是市場的圍牆，祖和社是市場入口兩邊的柱子，王是市場的管理者，而朝禮則是開市的儀式。王宮的圍牆逐漸發展後，成為了圍繞都市的城牆。這也表示，中國特有的城廓都市，原型就是市場。

進入市場的時候，必須收取商品的十分之一作為手續費，這就是「稅」的起源。就算到了後世，北京的崇文門依舊擁有稅關的特質，通行的入城者必須繳稅，這是受到城牆原本是市場的圍牆，城門則是市場入口的影響。另外，由於手續費是交到市場入口的柱子處，因此從「祖」發展出「租」這個字。

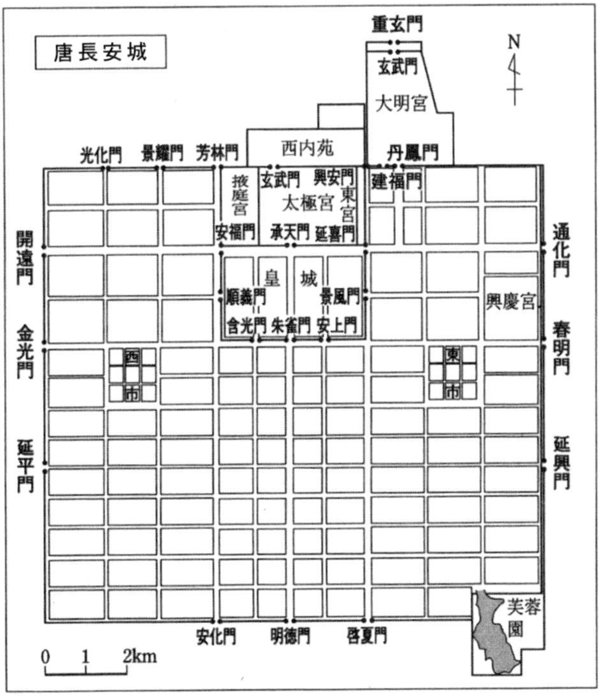

作為日本平安京和平城京範本而為人所知的唐朝長安城，是一座北有宮城，南有官府的皇城，其東南和西南方各設有東市和西市。屬於打破中國舊都市「前朝後市」傳統的都市計畫。

「祖」原本的意思是「阻」，代表著阻止入場。

以皇帝為頂點的大型商業組織

這樣的架構不僅限於首都，沿著從首都往東方、東南方、南方延伸的內陸水路，在要地零星建設的地方都市也相同。古代稱作「邑」、後來被稱作「縣」（與「懸」同音，代表與首都直接連結的意思）的地方都市是首都的小型版，由首都派遣而來的軍隊駐守，保護從首都而來的商人與周邊地域的夷狄之間的交易活動。直到後世為止，在縣城的縣衙（官府）都會在與首都朝禮同一天、同時刻，由知縣率領部下和有名望的居民，進行朝禮的儀式。至於距離首都遙遠、無法直接管轄的邑，會派遣軍司令官統一監督數十邑，這就是「諸侯」，地位屬於世襲。派遣世襲的軍司令官這件事即稱為「封建」。從世襲改為任命制後，則成為「郡縣」，統一監督數十縣的軍司令官就是「郡守」，軍管區為「郡」。「郡」與「軍」同音，代表常駐軍的意思。

在縣城中，有收納當作租稅徵收而來的實物的倉庫，稱作「縣官」。「官」與「館」同音，代表供給衣食的意思。管理「館」的就是「官吏」。「縣官」有時也用來代表皇帝。也就是說，中國的官吏是從附設於市場的收納庫的看守員發展出來的。

然後可以看出皇帝原本具備的商業特質的是，直到後世為止，中國各地的稅收原則上都是皇帝的私人收入，並派遣宦官至各地監督。另外，皇帝直營絲綢和高級陶瓷器的生產，同時經營金融業，提升利益。說起來，中國的本質是以皇帝為頂點的一大商業組織，而在其經營之下的各個商業都市的營業範圍，就是「中國」。

這些地方都市和地方都市的中間地帶是夷狄的居住地，隨著城廓都市的商業網絡愈來愈密集，有愈來愈多的夷狄登錄進城廓都市的名冊當中，成為中國人。直到西元前二二一年秦始皇統一中國為止，在華北、華中的平原地帶，夷狄逐漸中國化而消失身影，只有住在山區的夷狄殘留。

三、中國的官員

原則上無薪

自中國史第一期前期的秦始皇開始就已經存在官員，但由於其生態不明，因此從第二期後期，也就是北宋初期開始敘述。當時也是科舉盛行的時期。

如果考上科舉，除了被分配到中央的皇帝秘書室的少數人之外，大部分的人都會被派到地方當知縣。雖然沒有搬家津貼，但無論是被派到多遠的縣，也不用擔心。機靈的首都商人會出面安排，借錢、做衣服、找翻譯等，雇用大大小小各種人手，浩浩蕩蕩地朝地方出發。抵達目的地的縣之後，身為國家官僚的知縣，才終於擁有以下幾個收入來源。出面安排的商人則在收回借款和大筆利息之後返回首都。

知縣最重要的職務就是徵收田賦和裁判。實務由小吏執行，知縣則負責監督。在這裡必須聲明的是，無論是官員或小吏，原則上都無薪。官員利用他的地位賺取適當的收入，因此，在不過分的範圍內，賄賂是合法的。就連皇帝任命的官員都沒有薪水，更不用說那些小吏。

到了第三期末、清朝雍正帝的時候，朝廷會給付官員養廉銀。然而，金額非常微薄。到了年底，知縣會被叫到省城領取養廉銀。這時會有一張紙，上面寫著你因什麼過失而扣除多少錢、因什麼理由又扣除多少錢，只能領取被扣除後剩下的養廉銀，甚至有時候完全領不到。

田賦和裁判

官員大部分的收入來自於剩餘的田賦。田賦不是根據該年的收成而是每年固定，因此只要向省城繳納規定的量，剩下的就是知縣的收入。到了第三期的明末，田賦改為以銀納賦，必須向省城繳納銀。這樣一來，為了繳納，必須將銀熔解製成馬蹄銀（形狀像枕頭的銀塊），以熔銀過程的損耗為由，部分的銀便成為了知縣的合法收入。知縣就利用這些方法確保收入。

知縣另一種收入來源是裁判。如果發生訴訟，原告和被告首先都會被關進牢裡。接著原告和被告都為了希望裁判公平而送禮（賄賂）。裁判由知縣擔任裁判長，並做出判決。贏的那一方又會送豐厚的謝禮。如果是無法判定的重罪，便會由知縣手中轉交給上級官府處理。知縣另外一個重要職務是逮捕強盜等犯人。為此，知縣經常需要半夜起床出門。

知縣的支出相對來說比較少。縣衙（縣的官府）的結構，南半部是公，北半部是私。公的部分由裁判等使用的公堂、牢房等構成；私的部分則是居所，知縣和家人住在裡面，當中也有田地，可以種些蔬菜添補食用。不過主要的食物還是購自市場，市場的理事長會用半價賣給知縣。知縣就是用這樣的方式生活。這是中國的傳統，就算到了現在，公務員的月薪還是很少，許多都是仰仗米、鹽、油等實物的發放，主因就是出自這個傳統。

四、中國話的起源

漢字的起源

一般所說的中國話（漢語），其實是許多語言的綜合體，漢字的使用不過是加諸在這個語言之上。而漢字的特殊性讓中國的語言問題變得更難理解。

如前所述，漢字的原型起源於華中的長江流域，將其帶進華北的是從這裡沿著河川上溯的夏人。在系譜上與夏人連結的越人，後世分布於浙江省、福建省、廣東省、廣西壯族自治區、越南方面，殘存於越人故地的上海話、福建話、廣東話，其基礎都是泰語系的語言。也就是說，華中、華南在漢化之前，這些地方所說的語言應該屬於泰語系，所以，以此地為故鄉、以洛陽盆地為中心開創第一個王朝的夏人，他們說的應該也是泰語系的語言。[1]

然而漢字是表意文字，而非表音文字。首先，「象形」包括「日」、「月」等文字，模仿物體的形狀。

「指事」是「上」、「下」等文字，沒有形狀，用來表示意思的文字。

現在所知的漢字大約有五萬字，其中八成都屬於「形聲」字。一般而言，形聲字是組合兩個表意文字（「象形」和「指事」兩種）而成的字，一個代表意思，一個代表發音。「江」、「河」就是形聲字。「氵」是「三水」，屬於「水」的變形。「工」原本代表的是尺規的意思，因為其發音類似於長江的名字，便以這樣的意思來使用。「可」是從口中吐出長氣的意思，因為其發音類似於黃河的名字，便也以這樣的意思來使用。由此可見，就算是用來代表發音的部分，原本也是表意文字，不具有代表固定發音的功能。因此，雖說是「形聲」，但其實也是表意文字，而不是表音文字。

還有一種漢字的造字方式也是組合兩個表意文字，用來代表新的意思，稱作「會意」。「武」、「信」就是屬於會意字。「武」由「戈」和「止」組成，代表拿著「矛」站立的意思。「信」由「亻」和「言」組成，「亻」是「人」的變形，「信」代表相信他人說的話的意思。

1 編註：應是指「侗台語系」的語言。

六書的例子

象形	指事	形聲	會意	轉注	假借
日 月 山 川 人 女 大 馬 牛 象 口 木 水 手	一 二 三 上 下	（意思）＋（同音異義）→（字） 火＋堯→燒 馬＋句→駒	明 杲 東 杳 天 立 昌 林 休 本 末 武 信	樂（快樂）—樂（音樂） 立（站立）—立（地位）（後來寫作「位」） 老（年長）—老（父親）（後來寫作「考」）	乎（與「呼」相同）→感嘆詞 令（命令）→長

文字通信專用的「雅言」

這是所有表意文字的宿命，相同形狀的漢字原本用來代表好幾個不同的意思，各自用屬於泰語系的夏人的語言來念，但之後經過整理，一個漢字變成只有一種讀法，且只有一個音節。然而，仍有少數幾個字有多種讀法，稱作「轉注」。「考」和「老」就是轉注字，原本字形相同，都是代表「年老」的意思。

另外，用只有一種讀法的同音異義語來代表與原本意思不同的意思，稱作「假借」。「令」和「長」就是假借字。「令」代表命令的意思，「長」代表很長；「令長」在漢代是知縣的意思。

「象形」、「指事」、「形聲」、「會意」、「轉注」、「假借」的六種類型稱作「六書」，皆以一字一音，且是一音節為原則。然而，就算是泰語系的語言，也不可能所有的詞語都只有一個音節。因此，比起代表的意思，漢字的音更像是字的名字。

如果是這樣的話，最有效使用漢字的方式與人們說的語言構造無關，而是根據某種簡單的原則排列漢字。如此一來，由於漢字屬於表意文字，因此可以成為語言不同的人們之間通信的手段。就像這樣，用每一個字被指定的一音節發音，念出排列好的漢字，就會產生全新的人工符號。像這樣創造出的人工語言，不同於日常生活的語言，而是文字通信專用的「語言」，這就是「雅言」。於是，漢字從創造漢字的民族的日常使用語言中抽離出來，成為了取代他們的殷人、周人，以及秦人和楚人的有效通信和記錄手段。

從商人語言變成中國話

說到由漢字構成的漢文最大的特徵，那就是名詞和動詞在形式上沒有區別，也沒有前綴或後綴。因此，依序通讀漢字的排列組合所構成的「雅言」，既沒有性、數、格，也沒有時稱，呈現類似於皮欽語（pidgin）的語言樣貌。這是以夏人的語言為基礎，受到狄和戎的阿爾泰語系、藏緬語系等多種語言影響而形成的古代都市的共通語，可以說保留了市場語言（market language）的特徵。

「雅言」是《論語》〈述而〉篇使用的詞彙。「子所雅言，詩書執禮，皆雅言也。」意思是，西元前六世紀末的哲學家孔丘（孔子）在誦讀《詩經》、《書經》的時候，以及執行禮事的時候，才會使用「雅言」。這個「雅」與「夏」同音。不僅如此，「夏」、「雅」與代表商人或商業的「賈」、代表價格的「價」，以及代表仲介人的「牙」皆同音。也就是說，「雅言」既是夏人的語言，同時也是市場的語言。夏人是「賈人」，也就是商人。

更有趣的是，與「朝」、「市」同音（tiôg）的「易」，代表的是交易、貿易，而「易」又與「狄」同音。亦即，如同夏人是商人一般，取代夏的殷，其出身的種族「狄」，也是從北方高原而來的商人。說起來，殷人的自稱就是「商」，殷人也就是商人。從中可以看出，對於夷狄的人而言，從首都來訪的商人，同時也是文明的推手。

中國文明屬於商業文明、都市文明。從位於北緯三十五度線上黃河中游的首都向四面八方擴展的商業網絡的市場圈的範圍，就是所謂的中國。而中國話是以市場交易使用的片語為基礎，由書寫表現這些片語的不完全的文字體系，所二次創造出的語言。

第三章

中國世界的擴大與文化變容

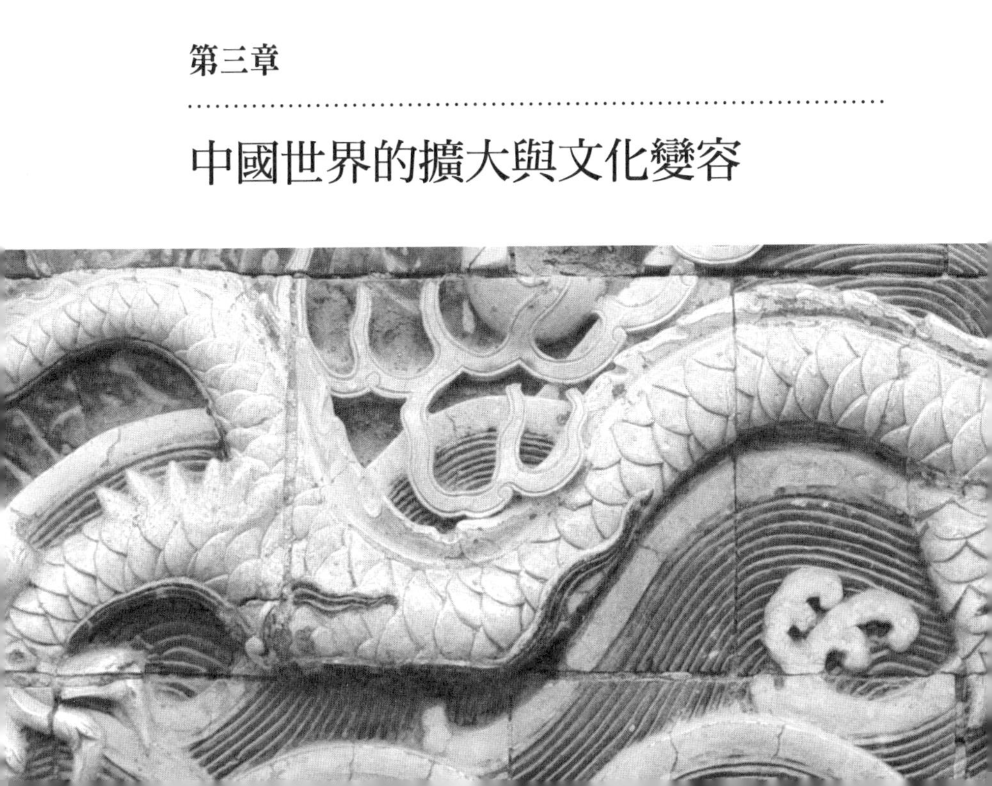

一、漢族的時代——中國史的第一期前期

焚書的積極意義

西元前二二一年秦始皇統一華北、華中，開啟中國史的第一期。之後直到西元一八四年黃巾之亂為止的約四百年間為前期，一八四年至五八九年隋再度統一中國為止的約四百年為後期。

第一期前期的歷史亮點是秦始皇統一漢字的字體，創造出了「篆書」，另外就是所謂的「焚書」。「焚書」發生在西元前二一三年。一般都誤會焚書是思想統一的手段，但其實還有更積極的意義存在。

包括西元前六世紀至前五世紀初的哲學家孔丘（孔子）所創立的儒家在內，各個教團都擁有各自的經典，傳授教徒各個經典的讀法，並以此為基準，規定漢字的用法和文體。也就是說，有各種文本與各自信奉的團體，關於文字讀法的知識和技術屬於師徒相傳，非常封閉。

西元前二一三年的「焚書」，秦政府沒收、焚毀民間的《詩經》、《書經》、「諸子百家之書」，然而「獨博士如故」，即只有宮廷學者持有、流傳的文

本可以保留，之後如果有人想要學文字，則必須以吏為師。這使得文字的學習不僅限於信奉某個教團的教徒，開啟了在公家機關學習如何使用文字的大道，公開表示所謂的「漢字」在中國是唯一的溝通手段。

不僅如此。《漢書》〈藝文志〉介紹了收藏於西元前一世紀末宮廷圖書館裡的書籍：「《蒼頡》七章，秦丞相李斯作。《爰歷》六章，車府令趙高作。《博學》七章，太史令胡母敬作。……漢興，閭里書師合《蒼頡》、《爰歷》、《博學》三篇，斷六十字以為一章，凡五十五章，並為《蒼頡篇》。」李斯、趙高、胡母敬都是秦始皇的重臣，編纂這些新文字的教科書也是秦始皇的政策。

西漢版圖擴大

好不容易統一中國的秦在西元二一〇年秦始皇死後崩壞，又回到如戰國時期般，充斥著許多王國。當中，漢王國的君主劉邦（高祖），繼承皇帝的稱號。在劉邦的兒子文帝（西元前一八〇—前一五七年在位）、孫子景帝（西元前一五七—前一四一年）的二代之間，逐漸消滅其他諸國，沒收其領土，擴大漢的郡縣。直到西元前一四一年武帝即位為止，漢朝皇帝的直轄領土幾

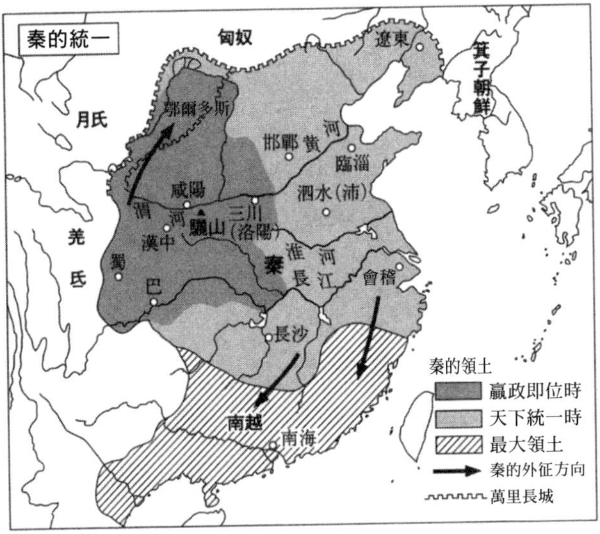
秦的統一
匈奴
遼東
箕子朝鮮
月氏
鄂爾多斯
邯鄲
黃河
臨淄
咸陽
泗水(沛)
渭河
驪山
三川(洛陽)
羌
氐
漢中
蜀
巴
秦
淮河
長江
會稽
長沙
南越
南海
秦的領土
嬴政即位時
天下統一時
最大領土
秦的外征方向
萬里長城

乎遍布整個華北和華中。這時，漢的郡縣與郡縣之間，縮小的諸王國散布的狀態，被誤稱為「郡國制」，這是皇帝擴張勢力的結果，不應該被稱為「制度」。

漢武帝在位的五十四年間（西元前一四一－前八七年），傾盡全力確保統治下的「中國」向四面八方延伸的貿易交通路線。武帝即位當時，漢的勢力範圍在北方幾乎抵達現在的長城線以南，在南方則僅限於至江蘇、江西、湖南各省；北有遊牧民族的匈奴，南有海洋民族的南越，對外的出口只有山東半島根部南方的琅邪港。武帝東滅朝鮮王國，確保前往日本列島的通路；北驅逐匈奴，開通絲路；南滅南越，開啟南海、印度洋的貿易航路；西則從四川省、西藏東部、緬甸、阿薩姆，掌握印度路線的商權。

如此積極的軍事行動造成大規模的人口移動和都市集中，官員人數增加，形成知識階級。為此，過去由各教團獨占的文字知識，也轉變成傾向遊走在各教團間修習，思想的交流與混合興盛。漢代的主流思想是道家的黃老思想，但儒家逐漸吸收其他眾多教團（學派）的思想與知識加以融合，於是一種新的、可以預見未來、符合科學的儒教古文學派蓬勃發展。最終，代表這種思想的外戚王莽，篡奪漢的帝位，西元八年漢朝（西漢）滅亡。

最初的人口大變動

王莽開啟名為「新」的王朝，但由於過分相信儒教的理論，內外的政策都失敗。在王莽篡漢前的西元二年，出現中國史上最初的人口統計記錄，那就是《漢書》〈地理志〉當中記載的數字，「口，五千九百五十九萬

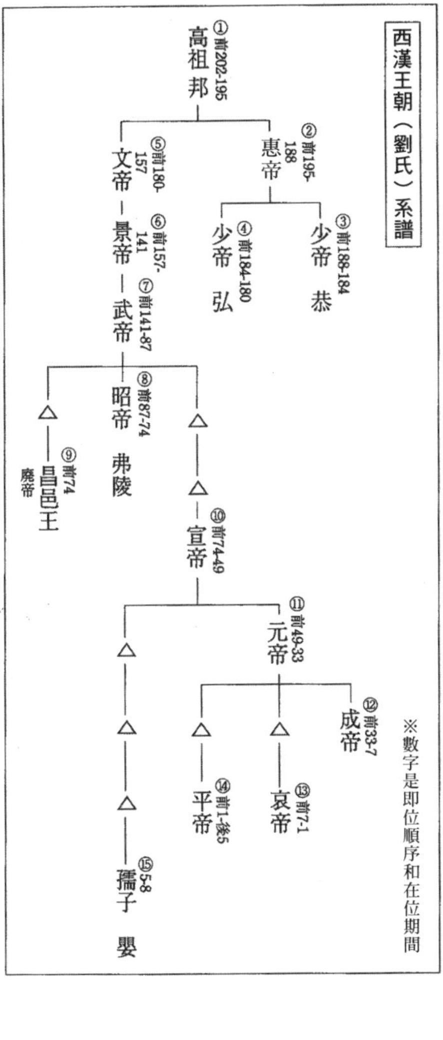

四千九百七十八」。從之後超過一千年，人口數字都沒有達到約六千萬人的規模來看，這個數字顯示的是繁榮帶來的人口過剩。

然而，西元一七年開始全國性的混戰，直到二三年長安被攻陷、王莽落敗為止的八年間，由於戰亂和飢餓，中國的人口從約六千萬減少一半，進而到劉秀（東漢光武帝）再度統一中國的西元三七年為止，人口又減少了一半。也就是說，人口銳減至一千五百萬左右。從《續後漢書》（司馬彪著，於三世紀末完成）〈郡國志〉的注所引用的人口統計數字來推測，人口於二十年間減少百分之七十五的數據與事實相距不遠。

五七年	二一、〇〇七、八二〇
七五年	三四、一二五、〇二一
八八年	四三、三五六、三六七
一〇五年	五三、二五六、二二九

這裡的人口增加率平均每年百分之二，往回推算三七年的人口，剛好是一千五百萬人。

這樣急遽的人口變動不斷地在中國歷史中反覆上演，這個發生在西元一世紀西漢末至東漢初的人口變動，是最初留下數字記錄的變動。

儒教的國教化和漢字的普及

之後，東漢時期的人口達到頂峰，逐漸成長到五千多萬人。下面列舉一〇五年之後口的數字。

一二五年	四八、六九〇、七八九
一四〇年	四九、一五〇、二二〇
一四四年	四九、七三〇、五五〇
一四五年	四九、五二四、一八三
一四六年	四七、五六六、七七二
一五六年	五六、四八六、八五六

（《晉書》〔房玄齡等著，六四八年完成〕的〈地理志〉記為一五七年）

從一世紀到二世紀的時期，迎來了中國文化史上的重要時代。那就是儒教的國教化和隨之而來的漢字知識普及。

如前所述，儒教在西漢後半吸收許多其他的學術加以融合，發展成為以預知未來為目的的一種科學體系，並由王莽定儒教為國教，而東漢也加以繼承。在東漢順帝（一二五—一四四年）的時候，首都洛陽的「太學」（大學）成長到二百四十房、一千八百五十室的大規模，太學生的人數也超過三萬人。若想要維持如此大規模的學校教育的水準，不可能任由各個學派使用各自的教科書。一七五年，公定統一的經書文字被刻在石碑上，立於太學門外，稱作「石經」。

比起儒教的國教化，另外還發生了改變中國，不，應該說是改變世界交流歷史的一大事件。那就是發明了新的製紙法。任職東漢宮中的宦官蔡倫，他完成了將樹皮、破布、漁網搗成糊狀後攤成薄片，曬乾製紙的技術，於一〇五年上奏皇帝，獲得採納。

在此之前，中國的書籍都是將木或竹裁成一尺（二二・五公分）的長片（木簡、竹簡）後，用線並排串在一起，或者也有寫在絲綢上的帛書，但是木簡和竹簡很占空間使用起來不方便，而絲綢又過於昂貴。不過，發明製紙法之後，將一尺長的紙橫向延伸黏接的卷子，成為了書籍的新形式。既輕又方便使用，而且比較便宜。二世紀出現的教育普及現象，其背後功臣少不了製紙法的發明。

紙的使用普及、儒教的國教化、教科書的公定化等，讓文字滲透到至今為止與文字交流無緣的階層。造成的結果之一，就是在人口再度集中都市而形成的人數眾多的貧民層內部，宗教祕密結社的出現和發展。

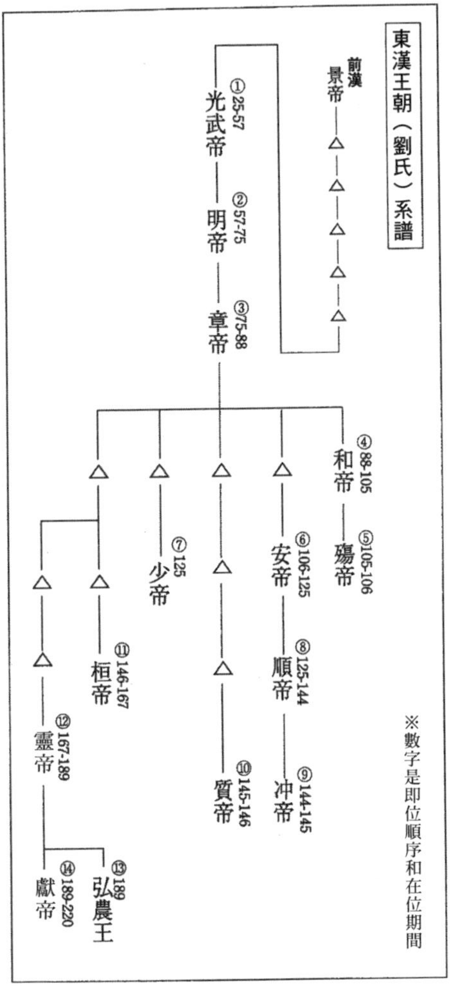

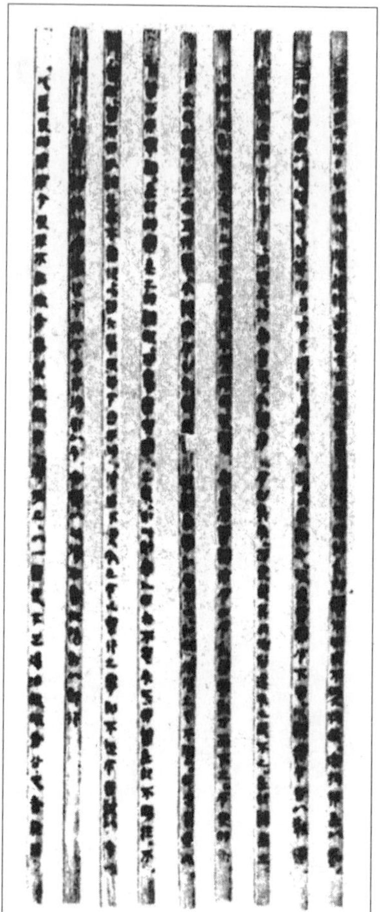
湖北省雲夢睡虎地出土的秦律。

二、宗教祕密結社——太平道和五斗米道

太平教信徒的叛亂——黃巾之亂

出身農村的士兵被徵召後首度嘗到都市生活的滋味，但除役後無家可歸也沒有可耕種的農田，這些貧民組成的相互扶持組織便會發展成為宗教祕密結社。這些人以在軍隊習慣的共同生活規律為基礎，戰友同志之間相互團結，

共謀生計。他們應該在軍隊裡學習了最低限度的文字使用。這些人在全國各地的都市都有藏身據點，只要持有可證明是成員的暗號或文書之類的，就算在人生地不熟的地方，也可以免費住宿和吃飯，也會有人幫忙介紹工作。成員們在深夜集結，祭祀守護彼此團結的神明，藉由一起訓練武藝來保持群體意識。從這種相互扶持組織發展出來的宗教祕密結社，隨著都市人口集中的速度愈來愈快、經濟成長幅度愈來愈大而逐漸革命化。

在接近西漢建國二百年的西元前五年，如前所述，中國的人口達到約六千萬人，以當時的經濟水準來說，已經超越適當的規模，呈現人口過剩的狀態。社會當然因此累積了許多壓力，其中一個現象，就是瀰漫著漢朝氣數已盡的氣氛。當時久病不癒的皇帝（哀帝）改元太初元將元年，自稱陳聖劉太平皇帝。這是根據名為甘忠的人所編纂的經典《天官曆包元太平經》，為了再受天命而進行的改元，但是不久之後又改回原本的年號。

然而，因為甘忠《天官曆包元太平經》的影響直到後來仍殘留著，到了二世紀初，以名為《太平清領書》的「神書」一百七十卷的姿態，再度出現。內容主張順應天道，以致太平，闡述增加人口的方法。後來由傳道家、組織者張角繼承，成為《太平經》，至今仍有部分存留。張角利用這個經典治病，被稱為太平道，在華北各地擁有信徒數十萬人。

張角將信徒組織成三十六「方」，也就是軍團，各方皆設有首領統帥。一八四年，以「蒼天已死，黃天當立；歲在甲子，天下大吉」為口號，主張舊世界將於這個甲子年結束，新的世界將會開始，在全國掀起叛亂。結果叛亂失敗，遭到訓練和裝備都較完善的東漢政府軍鎮壓，在數年之內平息，反叛軍被政府軍吸收。這就是「黃巾之亂」。

如此崛起的政府軍統帥們為了爭奪中央的權力而展開內戰，洛陽荒廢，東漢的中央政府已實質滅亡。

創立於四川的五斗米道

從太平道黃巾之亂的口號可以看出他們擁有末世思想，但由於運動失敗，因此無法得知詳情。然而，與太平道同時創立的五斗米道，由於成為後世道教的主流，因此可以了解一些內容。

五斗米道是創立於太平道未波及的四川地方的祕密結社，擁有明顯的末世思想。一八四年四川發生叛亂，領導者張脩向信徒收取五斗（東漢時代的五斗約十公升，相當於日本的五升）米當作入會費，因此得名五斗米道。治病的時候要求信徒在靜室思過，也就是反省自己的罪，寫下三篇反省文，獻給天官、地官、水官的眾神，乞求原諒，稱作「三官手書」。信仰虔誠的人就可以得救。另外，也為相同信仰的弟兄們設置傳舍，也就是會館，提供免費的住宿和食物，充分發揮互助的機能。各地基層組織的領袖稱為「祭酒」，信徒各自以類似軍人位階的階級稱呼，類似救世軍。

一八八年黃巾軍入侵四川，搗毀成都，進攻重慶。這時，從首都洛陽來到四川赴任的益州牧劉焉，聯合五斗米道，任命張脩和張魯為手下軍隊的統帥，擊退黃巾軍。

之後，劉焉又派遣張脩和張魯的五斗米道軍平定漢江上游的溪谷，駐紮在南鄭。他們在那裡建立五斗米道的神權王國，透過教會的組織實現自治。

二〇〇年，張魯殺了張脩，宣布脫離劉焉。劉焉一怒之下殺了住在自己家中身為張魯母親的巫女，並派遣軍隊攻打張魯，但張魯擊退劉焉的軍隊，又從他的手中奪取嘉陵江的溪谷。之後，張魯在陝西南部至四川東部一帶維持獨立的勢力，二一五年投降曹操封為閬中侯，曹操的兒子又娶張魯的女兒為妻，五斗米道受到魏的保護後，反而是從此時才開始在中國各地擴展勢力。到了北宋末年，五斗米道被稱作正一教，以江西省東部的貴溪縣龍虎山為宗壇，代代尊張氏為天師。到了元的時代，以北京西郊的白雲觀為祖庭的全真教稱作北宗，正一教則被稱作南宗，道教分裂成二股勢力。

根據道教的文獻記載，五斗米道的創始者是張魯的祖父張陵。張陵出身江蘇省，在四川的西境、靠近西藏附近的鵠鳴山修行，一四二年，獲得名為太上老君的神仙傳授「道」，也就是接受到宗教真理的啟示，隔年，傳承給弟子後，於一五七年白日昇天。繼承張陵的是他的兒子張衡，他於一七九年白日昇天。張衡的兒子張魯則是其繼承人。關於張脩，道教的文獻當中完全沒有相關記載。

三、北族的時代——中國史的第一期後期

古漢族的滅絕

隨著一八四年的黃巾之亂，由秦始皇統一而開始的中國史的第一期前期結束，進入後期。後期的特徵是古漢族的實質滅絕，和北亞新血液的輸入所造成的新漢族成長。

黃巾之亂後，中國的人口急遽減少。尤其是華北的平地一片荒蕪，千里

煙絕，人跡罕見，白骨成聚。

到了黃巾之亂後五十年的二三〇年代，從當時高官三人向曹魏明帝提出的意見書當中，可以推算那時中國的人口。杜恕：「今大魏奄有十州之地，而承喪亂之弊，計其戶口不如往昔一州之民。」十州指的是東漢十三州減去吳統治的揚州、交州和蜀統治的益州。根據一四〇年的統計，東漢中國的總人口是四千九百一十五萬二百二十人。減去揚州、交州、益州的人口，剩下十州的人口是三千六百三十五萬五千二百一十人。魏的人口不到這個數字的十分之一，也就是不到三百六十萬人。

另外，陳群說道：「今喪亂之後，人民至少，比漢文、景之時，不過一大郡。」蔣記也說：「今雖有十二州，至於民數，不過漢時一大郡。」十二州是魏從雍州分出涼州和秦州，地域範圍與杜恕所說的「十州」相同。總而言之，根據西元二年的統計，西漢的最大郡是汝南郡的二百五十九萬六千一百四十八人，接下來是潁川郡的二百二十一萬九千七十三人。東漢的最大郡是南陽郡的二百四十三萬九千六百一十八人，接下來是汝南郡的二百一十萬七百八十八人。簡言之，三國時代初期魏的人口大約二百五十萬人。

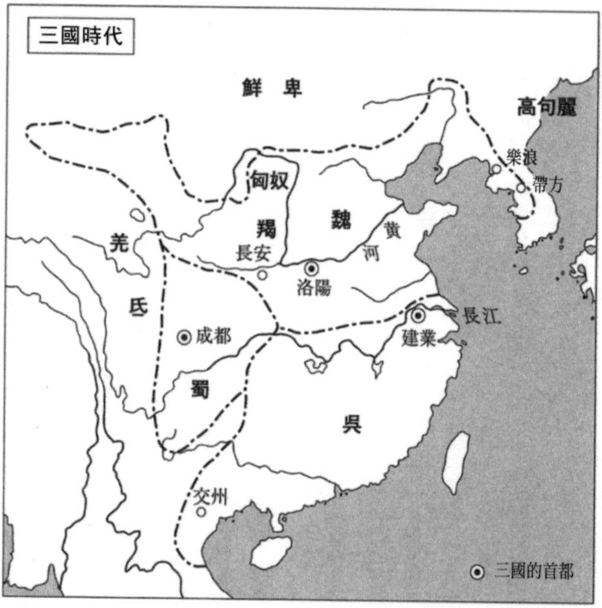
三國時代
鮮卑
高句麗
樂浪
帶方
匈奴
羯
魏
羌
黃
河
長安
洛陽
氐
成都
長江
建業
蜀
吳
交州
三國的首都

相較於統治華北的魏，吳僅統治長江中游以武漢為中心的地區和下游以南京為中心的地區，人口比魏更少，約一百五十萬人。根據皇甫謐（二一五—二八二年）的說法，二四四年，將軍朱照日曾向魏報告，吳領地的兵戶約十三萬二千。兵戶是登錄在軍人戶籍之下的家屬，如果說一家有一個士兵，且全部編入軍隊，那麼根據二八〇年吳被晉合併後的數字，吳的人口當中，有百分之九都是士兵。用這個比例往回推算，則三國時代初期吳的人口約一百五十萬。

至於統治四川盆地的蜀（實際上自稱漢），據說大約九十萬或百萬人，所以三國合計的人口約五百萬人。作為佐證，皇甫謐引用一四〇年東漢南陽郡、汝南郡的戶口統計：「方之於今，三帝（魏、蜀、吳）鼎足，不踰二郡。」大約四百五十萬人以下。也就是說，一八四年黃巾之亂後半世紀，中國的人口銳減至十分之一以下，這代表漢族實質上的滅絕。

五胡十六國之亂

在此之前的二三〇年，東漢最後的皇帝讓位魏的曹丕（文帝），他在翌年二二一年，西以宜陽（河南省的宜陽縣、洛陽的西南）、北以太行山脈、東北以陽平（河北省大名縣、山東省和河南省交界）、南以魯陽（伏牛山脈）、東以郯（山東省的郯城縣、與江蘇省的交界）的範圍為限，豎立石標，指定其內側為「中部之地」，即「中國」，將殘存的中國人移居到界線之內。這幾乎相當於現在的河南省全部和山東省西南部。中國人限制在這個狹小的範圍內，外側除了軍隊駐紮之外，幾乎沒有其他居民。

就這樣形成真空狀態的中國周邊地帶，為了補足人口不足，於是從北方讓鮮卑、匈奴、羯、氐、羌等所謂的「五胡」移居此地。

最終，魏合併蜀，篡魏的晉合併吳，自黃巾之亂起分裂近百年的中國，於二八〇年再度統一，人口也暫時恢復。《晉書》〈地理志〉記載，二八〇年的人口為一千六百一十六萬三千八百六十三人。

然而，僅二十年的時間，皇族將軍們之間的權力鬥爭在三〇〇年發展成名為「八王之亂」的全面內戰，統一遭到破壞，中國的人口再度減少。

匈奴等定居內地的各部族軍閥趁此興起，三〇四年匈奴的劉淵自稱漢王而獨立，從此進入所謂的「五胡十六國之亂」。

「五胡十六國之亂」是移居內地的遊牧民族相繼發生叛亂，各自建立王國，直到四三九年，鮮卑的拓拔氏於平城（山西省大同市）建立北魏，統一

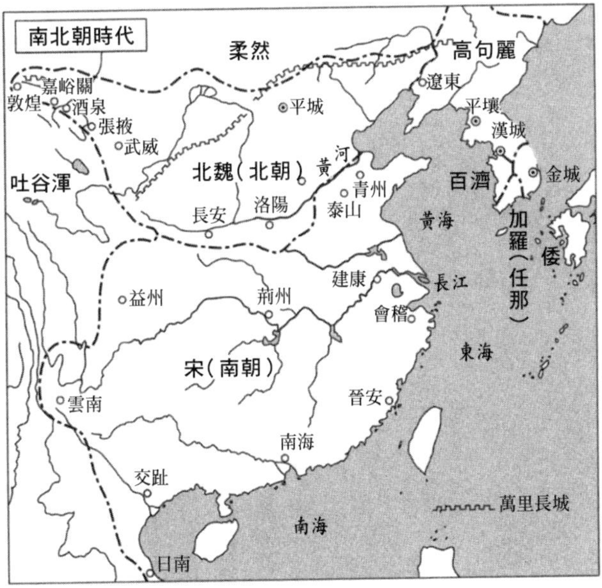
南北朝時代
柔然
高句麗
嘉峪關
敦煌
酒泉
張掖
武威
遼東
平城
平壤
漢城
吐谷渾
北魏(北朝)
黃河
青州
泰山
百濟
金城
長安
洛陽
黃海
加羅(任那)
倭
建康
長江
益州
荊州
會稽
東海
宋(南朝)
晉安
雲南
南海
交趾
萬里長城
南海
日南

華北，開啟「南北朝」時代。在這一百三十五年之間，華北的中原之地完全成為了遊牧民族的天下。殘存的少數漢人逃往長江南邊的非漢人地帶避難，集結於以武漢為中心的長江中游和以南京為中心的長江下游，建立被稱為南朝的亡命政權。「南北朝」時代直到五八九年隋滅陳，重新統一中國為止，共維持了一百五十年。結果，中國自黃巾之亂開始，除了中間晉朝短暫的二十年統一之外，分裂了四百年以上。

其原因之一是人口過少，無法復興農業生產力，沒有剩餘的糧食，也無力為了統一而發起戰爭。這個人口過少的時期是中國史第一期的後期。

四、中國人和中國話的變質

反切和韻書的出現

自黃巾之亂起的四百年間，最明顯的現象就是中國人和中國話的變質。如前所述，黃巾之亂的時候，中國的人口銳減剩下十分之一，而且減少的大部分人口都是發生在至今為止屬於中國都市文明中心的華北平原。然後經過接下來的五胡移居、五胡十六國之亂、南北朝時代，華北的統治者變成了阿爾泰或西藏體系的種族，說漢語的人也已經不是漢族，且說的漢語也和至今為止秦、漢時代所說的語言不同。

在這一後期的漢語的發展史上，不可忽視的現象就是「反切」和「韻書」的出現。

儒教是國教，在根據儒教經典的知識選拔官吏的東漢時代，規定了漢字的公用讀法，在洛陽的太學傳授。然而，黃巾之亂以後，洛陽荒廢，成了無人之地，而且文人官僚的時代結束，進入軍閥的內戰時代，漢字和其讀法只能由少數逃往地方的學者傳授給後世。於是，他們將至今為止都是由師口傳弟子的漢字傳統發音記錄下來，避免知識失傳所想出來的辦法就是「反切」。

例如，將「東」的發音用「德」和「紅」的組合表示。假設「德」念作tak，「紅」念作「xung」，那麼，東就是取tak的開頭子音，搭配xung的母音和結尾子音，讀成tung。這個方式應該是從置換二個漢字的發音，創造出新詞彙的文字遊戲發展而來。

總之藉由此種方式，首先必須懂得「反切」使用的兩個字的讀法，才能夠知道新字的讀法。然而，「反切」的方式僅能展現出三個字的發音之間的相對關係。例如，如果是將「德」念作tak、「紅」念作an的方言，則「東」

就不會念作 tung 而是 tan。也就是說，「反切」無法表現出絕對發音。

就算如此，「反切」是黃巾之亂之後首度出現的記錄，可以看出文字知識瀕臨滅亡的當時情況。

同樣地，「韻書」也是這種文化狀況下的產物。這是將母音和結尾子音讀音相同的漢字分類，方便記憶和檢索，最早的韻書是魏時李登的《聲類》。

這種「反切」和「韻書」在接下來的中國史第二期初期時綜合，成為「切韻」，這裡反映出的漢字發音有幾個重要的特徵，那就是，至今為止出現在開頭子音的雙子音消失，且開頭子音的 r 變化成 l。如果考量到阿爾泰語系的語頭沒有雙重子音且 r 也不可能出現在語頭的話，從中可以看出阿爾泰語系的特徵。這代表了阿爾泰語系是後期中國人語言的基礎，換句話說，這個時代的中國人已經不再是秦、漢時代中國人的子孫。如前所述這是一八四年黃巾之亂的後遺症。

也就是說在南北朝時代，尤其是華北的中國話，是出身不同的北亞民族為了交流所採用、口音很重的漢語。就好像是過去的漢語是四夷為了相互溝通而發展出的皮欽語。然而不同的是，過去的「雅言」是以泰語系夏人的語言為基礎，而新漢語則是以阿爾泰語系的音韻為基礎。亦即中國的阿爾泰化。

第四章

新漢族的時代：

中國史的第二期

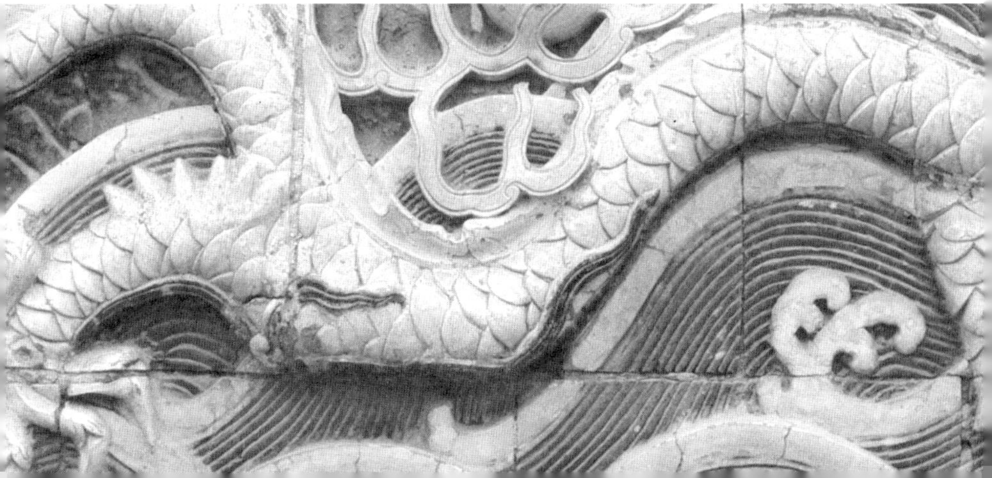

一、中國史的第二期——隋、唐、五代、北宋、南宋

新的漢族與人口重心的南下

自五八九年隋文帝合併江南的陳、統一中國起，直到一二七六年元世祖忽必烈汗滅南宋、統一東亞為止的約七百年間，是中國史的第二期。當中，從五八九年起，直到契丹（遼）的太宗進入華北，滅後唐，取得河北省北部、山西省北部的「燕雲十六州」的九三六年為止，是第二期的前期，自九三六年起至一二七六年為止是後期。

前期的歷史特徵是自五胡十六國之亂起，直到南北朝時代，入居華北的北亞體系人群的子孫成為新漢族（北族）的主流。另一方面，華中獲得開發，人口和農業生產力的重心移向南方也是另一個特徵。

鮮卑人和逐漸鮮卑化的漢人，在鮮卑人王朝的北魏、西魏、北周時融合，而之後無論是隋或是唐，其帝室都是出自這些經過融合的集團。隋和唐皆繼承北周根據地的陝西省，同時藉由連接交通要衝洛陽盆地和華中生產力中心的大運河，維持向東南方和南方的勢力。

二、《切韻》與科舉

漢字標準發音的整合

這個時代的中國歷史上最重要的事件之一就是六〇一年時，陸法言編纂《切韻》五卷。從「陸」這個姓氏就可以推測出陸法言是鮮卑人，他為了訂立漢字發音的標準，綜合自古以來韻書的記述，編纂了《切韻》。

《切韻》根據聲調分為二百零六的韻，平聲（平的聲調）五十七韻、上聲（上升的聲調）五十五韻、去聲（下降的聲調）六十韻、入聲（短促的聲調）三十四韻，各韻之中又再仔細分類。這是整合過去多個流派，盡量分類的結果。六〇一年當時，就算是作者陸法言本身，應該也無法清楚明瞭地掌握所有的發音。

也就是說，在南北朝時代，出生不同地方、說著不同方言的人們，以過去東漢時代太學教授的發音為標準發音，由老師口傳給弟子。不同時代的人各自將此整理成韻書，而陸法言的《切韻》就是打算綜合統一各種韻書的分類，建立出新的發音標準。由於並非是以實際存在於某處的「中國話」為基礎而寫成的記述，因此花費了十多年的時間也是無可厚非。

這個時期的另一件大事就是自六〇七年開始的科舉制度。這一年，隋煬帝下詔：「五品以上文武職事官以十科舉人。」雖然不確定十科在隋朝的制度當中指的是哪十科，但唐朝的制度設有秀才科、明經科、俊士科、進士科等，當中又以進士科最有人氣。

總而言之，這個根據詩文能力考試成績，任用人才為官的制度，不論身分與出身地，只要具備使用漢字的能力，就有機會擔任政府要職，取得榮華富貴和權力。對於屬於多語言國家、除了漢字和根據漢字組合創造出的人工語言之外沒有其他交流手段的中國而言，這種形式的科舉制度可說是必然的結果。

然而，為了能夠熟讀詩文並寫作，必須精通標準的漢字讀音。為了掌握正確的漢字讀音，重要的參考書籍就是《切韻》。到了六七七年，長孫訥言（從名字看來，他也是出身自鮮卑系）編纂了修訂本，至七五一年，孫愐又增加內容編纂成《唐韻》，進入宋朝後的一〇一一年，又改成《廣韻》。從此之後，中國歷代韻書當中關於韻的分類，都是以《切韻》為基礎。也就是說，漢字的《切韻》讀音成為了「中國話」的一種基準。

然而，這並不代表之後中國王朝首都的標準語就是《切韻》讀音。在中國，日常口語的發音和漢字的讀法是不同的系統，漢字的讀音對於一般的中國人而言不懂其含意，完全是人工的語言。

就算如此，科舉考試和為了參加科舉而逐漸普及的教育，讓原本不過是人工記號體系的漢文，對中國人的日常口語產生巨大的影響。九世紀唐末興盛的木板印刷技術更促進了這個過程。在此之前流通的都是卷子本形式的手寫書籍，在印刷術發達後變成大量的冊子本，而且價格便宜，容易取得，一口氣擴大了學習書籍的階層。

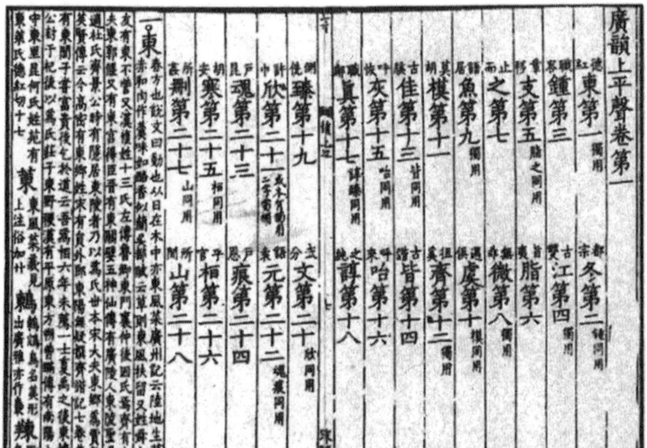

宋本《廣韻》

情緒語彙的發展受到阻礙

與此同時，利用《切韻》讀音規定發音的漢字組合成為了新的借用語，大量入侵中國人的語言生活當中。這種從文字世界入侵語言世界的《切韻》讀音，為至今為止根據地方不同而大不相同的各地日常用語，注入了龐大的共同借用語，這些借用語在某種程度上都可以用漢字寫出來。在這一個層面上，不同的口語在文字面上乍看之下就好像是「中國話」的方言。

然而，《切韻》無論是韻的分類或是用來注音的「反切」，都無法保證漢字的絕對發音不會變。切韻和反切都僅規定了漢字音相互之間的關係，根據學習漢字讀音的人所說的話的音韻結構，還是會出現無法發音或分類的音。因此，就算出自漢文的借用語是共通的，但只要出身地不同，發音也不同，僅是用耳朵聽無法明白對方在說什麼，寫成文字之後才能互相理解。

而且，根據文字世界獨特的理論所開發出的漢字組合，也就是所謂的熟語高度的發達，壓迫了借用方原本就未發達的口語詞彙，阻礙了情緒方面語彙的發展。結果更直接促進了熟語的借用，形成惡性循環。再加上漢字原本就不適合抽象表達，這使得中國人幾乎不可能自由表達情感。

然而，這種現象並沒有發生在採用其他表音文字，或是採用了漢字卻與表音文字混合的種族，也就是蒙古族、滿洲族、朝鮮人、日本人身上，因而在此存在著大量可以細膩表達情緒的語彙。相反地在中國，就連《紅樓夢》這種小說，當中也幾乎看不到表現情感的文字，從頭到尾都是描寫具體的事物和行動。

三、從漢族（北族）到北族（新北族）——第二期的前期和後期

隋、唐歷代皇帝的出身

中國史第二期的前期（五八九—九三六年），北族的中華帝國（隋、唐）不僅限於南北朝時代形成的北族住地，也就是狹義的中國，勢力圈更擴展到東北亞、北亞、中亞。東北在大興安嶺東方的山坡上進行半農半牧的契丹族、北在蒙古高原上屬於突厥體系的遊牧民族回紇族和沙陀族等與中國的商業網絡連結，準備進入接下來的後期（九三六—一二七六年）。

漠北（戈壁沙漠北邊、現在的蒙古國）的回紇於七四四年建國，在

七五五至七六三年的安史之亂中介入唐朝的內戰，掌握北亞的霸權，直到八三九年遭到黠戛斯人入侵瓦解為止，活躍於蒙古高原。

大同盆地的沙陀族則是在黃巢之亂（八七五－八八四年）的時候介入唐朝的內戰，統治山西高原，在唐滅亡（九〇七年）之後，與從黃巢系統出身、建都開封的後梁相爭，九二三年滅後梁進入洛陽，建立後唐，直到九三六年霸權被契丹奪走為止，都在華北維持突厥體系的王朝。這個過程顯示了比起鮮卑族的北族更向北方、更未漢字化的民族（新北族）從此進入中國政治史的主流。

下面簡單說明歷代皇帝的出身。

隋、唐的帝室都是隨著西魏宇文泰而興起。宇文泰是鮮卑人，五三四年北魏東西分裂，宇文泰自稱西魏文帝於長安（西安）獨立，與東魏的高歡（也是鮮卑人）對立。五五〇年，宇文泰將與自己立場相同的鮮卑人立為八柱國，下面分別安置了二個大將軍。八柱國之一是隴西郡開國公李虎，另一個柱國是獨孤信，他旗下的將軍是陳留郡開國公楊忠。楊忠的兒子楊堅是隋的第一任皇帝隋高祖，李虎的孫子李淵則是唐的第一任皇帝唐高祖。從這裡也可以看出，隋和唐都是鮮卑族。

後周王室也是鮮卑族

唐於九〇七年被後梁的朱全忠所滅。朱全忠原名朱溫，宋州碭山縣（安徽省碭山縣）人，完完全全是一個漢人。朱溫加入黃巢的反叛軍，之後於八八二年背叛黃巢，歸順唐，獲唐朝僖宗皇帝賜名全忠。

相對於此，滅後梁的後唐和之後的後晉、以及再之後的後漢，都是西突厥沙陀族的突厥人。後唐莊宗李存勗的養子是明宗李嗣源，明宗的養子則是廢帝李從珂。

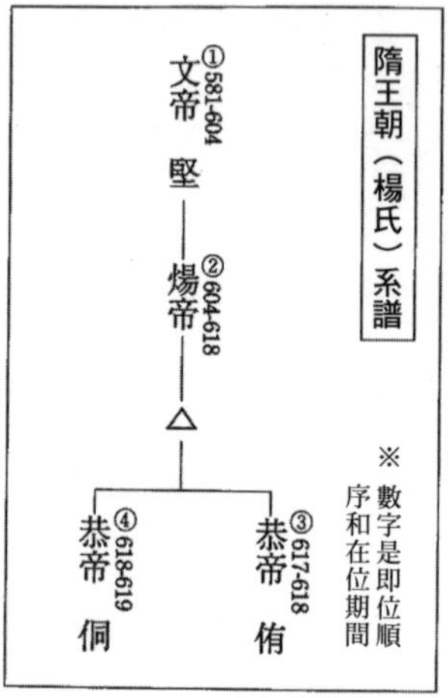

後晉高祖石敬瑭是後唐明宗的女婿，也是他的侍衛隊長（侍衛親軍馬步軍都指揮使）。九三六年，契丹的太宗入侵，後唐滅亡，石敬瑭投降契丹，在契丹的幫助下當上了後晉的皇帝。後晉出帝石重貴是石敬瑭兄長的兒子，後來成為他的養子。

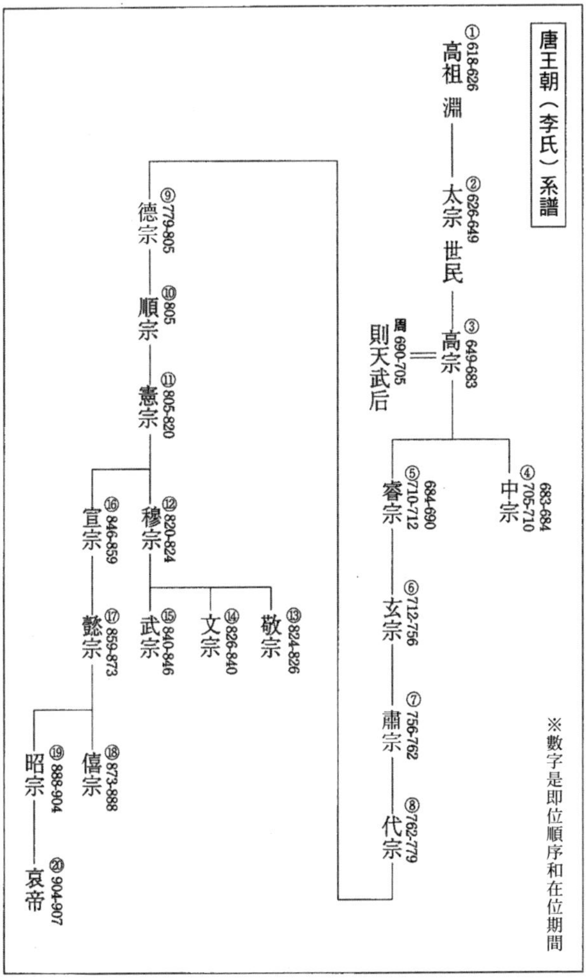
唐王朝（李氏）系譜
※數字是即位順序和在位期間
① 618-626 高祖 淵
② 626-649 太宗 世民
③ 649-683 高宗
周 690-705 則天武后
④ 683-684 705-710 中宗
⑤ 684-690 710-712 睿宗
⑥ 712-756 玄宗
⑦ 756-762 肅宗
⑧ 762-779 代宗
⑨ 779-805 德宗
⑩ 805 順宗
⑪ 805-820 憲宗
⑫ 820-824 穆宗
⑬ 824-826 敬宗
⑭ 826-840 文宗
⑮ 840-846 武宗
⑯ 846-859 宣宗
⑰ 859-873 懿宗
⑱ 873-888 僖宗
⑲ 888-904 昭宗
⑳ 904-907 哀帝

後漢高祖劉知遠也是沙陀族人，和石敬瑭一起侍奉後唐明宗，在石敬瑭當上皇帝之後，劉知遠則成為了他的侍衛隊長。後漢於九五〇年滅亡，翌年於太原稱帝的劉崇（又名劉旻）是劉知遠的弟弟，國號北漢；之後由兒子劉承鈞、其養子劉繼恩、同為養子的劉繼元繼承，直到九七九年被北宋所滅。

這裡值得注意的是後周。後周太祖郭威是邢州堯山縣（河北省隆堯縣）人，看起來好像是漢人。後周世宗柴榮是邢州龍岡縣（河北省邢台市）人，是郭威妻子哥哥的兒子，後來郭威收作養子，看來也應該是漢人。然而，看到現在的地圖會發現，隆堯縣和龍岡縣位於河北省的南端，彼此相鄰。不僅如此，鮮卑人的唐朝其實也是從隆堯縣發跡，先祖李熙和李天賜二代的墓都在此地，而李天賜的兒子是李虎。也就是說，隆堯縣原本是鮮卑族的居住地。如此看來，郭威和柴榮原本應該是鮮卑人才對。

不只有這樣，北宋太祖趙匡胤的出身也值得注意。趙匡胤是涿郡（河北省固安縣）人，位於現在北京市的南邊。這裡在唐代是外國人的居住地，許多粟特人、突厥人、契丹人都住在這裡。安史之亂的安祿山是北京人（營州雜胡），父親不明，[2]母親是突厥人的巫師，以此地為根據地，於七五五年起來反抗唐朝。

趙匡胤的父親趙弘殷出身後唐莊宗的侍衛隊，後來當上後周世宗的侍衛隊長。他的兒子趙匡胤原本也是後周世宗的侍衛隊長，於九六〇年取代世宗兒子後周恭帝，成為了宋的皇帝，終結了五代。從曾任沙陀突厥人後唐的侍衛隊，以及也曾是出自具有爭議的後周侍衛隊長等看來，宋的趙氏是否是漢人這一點令人存疑，也許同樣出身北族。

四、北京的重要性

新北族主導

中國史的第二期同時也是北京成為全國重要之地的時期。北京在隋煬帝征討高句麗（六一二年、六一三年、六一四年）、唐太宗（李世民）征討高句麗（六四五年、六四七年、六四八年）、唐高宗征服高句麗（六六七－六六八年）的時候是中國軍隊的基地，因此而繁榮。北京是絲路東方的終點，

2 編註：因安祿山的姓名「祿山」兩字為粟特語的光明之意，目前認為安祿山的出身應是與突厥人雜居的粟特人。

五代十國時代
遼(契丹)
上京臨潢府
渤海
燕雲十六州
晉陽
北漢
(951~979)
開城
後梁
(907~923)
後晉
(936~946)
後漢
(947~950)
高麗
平安京
日本
党項
渭河
黄
河
開封(汴)
長安
洛陽
後唐
(923~936)
吐蕃
後蜀
(934~965)
後周
(951~960)
淮
河
金
陵
揚州
蘇州
杭州
成都
前蜀
(902~925)
江陵
荊南
(907~963)
呉
(902~937)
長
江
呉越
(907~978)
長沙
南唐
(937~975)
大理
大理
楚
(927~951)
福州
閩(909~945)
廣州
交州
南漢
(967~971)
大越
萬里長城

也是許多粟特人、突厥人、契丹人等雜居的國境都市。突厥體系的安祿山作為節度使，以北京為根據地，在這裡引發安史之亂（七五五—七六三年）。安史之亂平定之後，這裡成為唐朝最大的敵對勢力之一的軍閥根據地，經常受到契丹的攻擊。

九三六年的時候，介入沙陀族後唐內亂的契丹的太宗，接受取代後唐、同樣也是沙陀族的後晉的石敬瑭割讓燕雲十六州，北京因此和大同一起成為契丹向華北發展的墊腳石。契丹在這裡設置南京析津府，當作統治領內漢人的中心地。等到女直族的金興起後的一一一五年，金在北京設置中都，當作長江以北征服地的行政中心。取代金的蒙古，世祖忽必烈汗則將北京當作冬營地，定為大都（汗八里），成為戈壁沙漠以南所有征服地的行政中心。

也就是說，中國史的第二期前期和後期一貫的傾向就是，契丹、女直、蒙古等東北亞、北亞的勢力占據優勢，北京的重要性升高。這代表了現在的中國已經不僅是北族的中國，而是逐漸變化成北族與新北族的中國，而且是由新北族掌握主動權。

第五章

華夷統合的時代

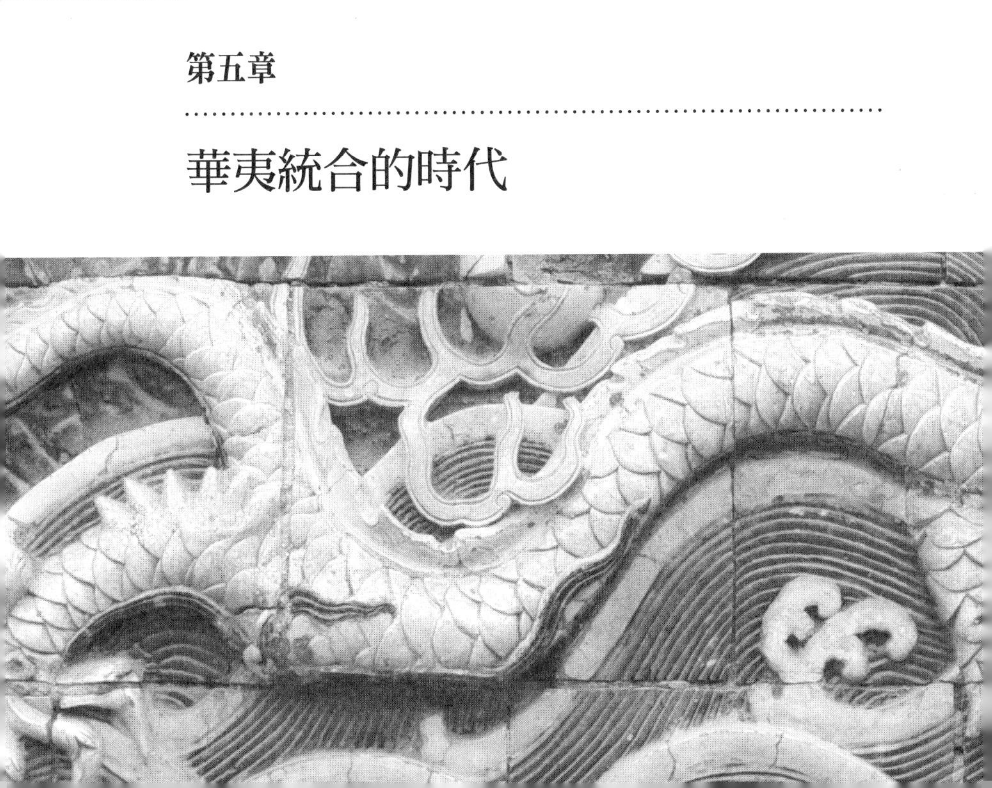

一、蒙古的登場

《史集》記載的傳說

開創中國史第三期的蒙古人同時也是拉開世界史序幕的人群。名為蒙古的部族，最早出現在七世紀。在《舊唐書》和《新唐書》的〈北狄列傳〉中分別記載，望建河（又名室建河。流淌於西伯利亞與內蒙古自治區之間的額爾古納河）源自俱倫泊（現在內蒙古自治區呼倫貝爾的呼倫湖），屈曲東流，經西室韋界，又東經大室韋界，又東經蒙兀室韋之北，落俎室韋之南。這個蒙兀室韋又寫作蒙瓦部，也就是蒙古部族。從這個記載當中可以看出，這時的蒙古似乎居住在額爾古納河的南邊，後世一三〇三年，拉施德丁用波斯語寫成的《Jami' al-Tawarikh》譯作《史集》，當中有一段蒙古人口耳相傳的傳說：

「很久以前，在成吉思汗誕生的二千多年前，蒙古部族被其他部族征服，所有人都被殺了。這時候存活下來的只有兩男兩女。這兩組夫妻大難不死，逃往被大山額爾古納昆環繞的土地上。額爾古納昆代表的意思是『峻險峭壁』。由於這裡的土地豐饒，這兩組夫妻的子孫不斷地增加，成為了捏古思和乞顏的兩個氏族。然而，由於封閉在峻險峭壁圍繞的狹窄土地上，無處可去的人們開始想辦法出去。山中有可以開採鐵礦石的地方，人們於是在這裡堆滿木材後點火，用七十個風箱搧燃，直到山岩融化，在山坡上開出一條通道。就這樣，來到廣闊世界的人們，成為了蒙古部族的祖先。」

額爾古納昆在古蒙古語當中代表「額爾古納河的斷崖」，額爾古納河邊的某處，有一個洞窟，據說蒙古部族的祖先就是從這裡出來。鮮卑也有類似的傳說故事，在內蒙古自治區的鄂倫春自治旗，有一個名為「嘎仙洞」的洞窟，裡面有四三三年由北魏太武帝所刻的漢文，代表自己的祖先就是出自這裡。

韃靼與克烈

言歸正傳，在蒙古部族初登歷史舞台的七世紀，蒙古高原在唐帝國的統治之下，但到了六八二年，突厥阿史那氏族的骨咄祿於南蒙古起兵，從唐獨立，入侵北蒙古，以杭愛山脈為根據地。這就是後突厥汗國。

後突厥汗國首度發展出書寫的突厥語，此後突厥語成為了遊牧部族之間的通用語。七四四年，北蒙古回紇氏族的骨力裴羅從突厥獨立，翌年進攻突厥，消滅後突厥汗國。這就是回紇汗國的建國。回紇人至今為止都在北蒙古土拉河的北方遊牧，說的應該不是突厥語，但後來採用突厥語為共通的公用語。

回紇汗國建國後不久，中國的唐在七五五年發生安史之亂。回紇人介入安史之亂，協助唐肅宗奪回長安（西安），內亂於七六三年平息。

在回紇汗國建國約百年的八四〇年，發生了黠戛斯人的反叛。從西北方入侵的黠戛斯軍奪取了北蒙古的根據地，回紇汗國瓦解，回紇人四散各地。當中一批人遷移到天山山脈，建立高昌回鶻，另一批逃到甘肅省，接受吐蕃王朝保護，建立甘州（甘肅省的張掖縣）回鶻。

就這樣，黠戛斯人取代回紇人成為蒙古高原的統治者，但維時不久。在回紇部族故鄉色楞格河流域的東邊、肯特山脈以東，住著名為韃靼的遊牧民族，韃靼人抵抗統治蒙古高原的黠戛斯人，在八六〇年代將黠戛斯人擊退到阿爾泰山脈的北方。韃靼人進入過去曾是回紇汗國根據地的北蒙古中部，後來成為被稱作克烈的部族。這個克烈部族與殘留在北蒙古東部的韃靼部族，以及成吉思汗的蒙古部族，三者之間有著深刻的關係。

二、契丹人和北宋的「中華思想」

承認皇帝並存

這個時候，在大興安嶺山脈南部、遼寧省西部的西拉木倫河和老哈河流域，有一個名為契丹的部族在此遊牧。契丹在後突厥汗國時代的突厥語碑文中被稱作「Kitani」。這個「Kitani」在之後的突厥語當中成為了「Khitai」。十世紀初，出現名為耶律阿保機（遼太祖）的契丹王，九一六年登基成為大契丹國的皇帝，九一九年親征，大舉擊敗肯特山脈以東的韃靼部族。太祖於九二四年再度親征，擊敗肯特山脈以西的克烈部族，抵達回紇汗國時代位於鄂爾渾河畔的都市卜古罕城，又從卜古罕城向南橫跨戈壁沙漠，進攻甘州回鶻。

太祖又於九二六年親征並消滅了位於吉林省東部的狩獵民之國——渤海王國，在凱旋的歸途中死去。他的兒子太宗繼位，於九二八年派遣契丹大軍征伐韃靼，讓韃靼完全歸降。他又將契丹人移居此地，沿克魯倫河建設了多個都市。

另一方面在中國，後唐發生內亂，率領太原沙陀人的將軍石敬瑭於九三六年背叛朝廷，與契丹結盟。契丹的太宗親自率軍前往救援石敬瑭，賜給石敬瑭大晉皇帝的稱號，承認他是中國的正統君主。作為交換條件，石敬瑭割讓「燕雲十六州」給契丹。就這樣，在契丹的援助之下，石敬瑭滅了洛陽的後唐，在開封開啟後晉朝。契丹人因此得到了大同和北京，不僅對中國和南蒙古立於壓倒性優勢的地位，而這個優勢地位之後也由女直人的金帝國和蒙古人的蒙古帝國繼承。

對於北蒙古，契丹於九八二至九八五年和九九四至一〇〇〇年共二次征討克烈，克烈王鐵剌里率眾歸降契丹。契丹於一〇〇三年，修復了過去回紇汗國位於土拉河和克魯倫河之間的可敦城，翌年在這裡設置名為鎮州建安軍的軍事基地，成為了克烈的統治中心。

同樣在一〇〇四年，契丹聖宗親率大軍入侵北宋，抵達澶州（河南省北端的濮陽縣），在這裡與北宋真宗對峙。契丹與北宋最終達成協議，真宗認契丹皇太后為自己的叔母，北宋每年要向契丹支付十萬兩銀和二十萬匹絲綢，稱為澶淵之盟。

就我們現在的觀念來看，這個和議的內容非常符合現實，沒有什麼大問題。然而，如果從源自司馬遷《史記》的「正統」史觀來看，等於是北宋正式承認兩個皇帝的並存。換句話說，北宋皇帝承認自己不是唯一握有天下統治權的正統皇帝。這對於北宋而言可說是奇恥大辱。

從屈辱衍伸出的中華思想

作為這種屈辱的反作用力，北宋雖然實際上是自古移居中國的遊牧民族子孫，卻主張自己才是「正統」的「中華」，是「漢人」，且為了安慰受傷的自尊心，將北方新崛起的遊牧帝國貶為「夷狄」，保留最後一點顏面，這就是「中華思想」的起源。

北宋宰相司馬光主編的《資治通鑑》是一本編年體的史書，於一〇八四年完成，清楚展現了這種中華思想的態度，尤其是對於南北朝的處理。《資治通鑑》從早於秦始皇之前的西元前四〇三年開始，直到北宋太祖登基前的九五九年為止，根據時間記載一千三百六十二年間發生的大小事。到了南北朝的時候，《資治通鑑》僅標記南朝的年號，而沒有標明北朝的年號，稱東晉、宋、南齊、梁、陳的南朝皇帝為「皇帝」，僅稱北魏、東魏、西魏、北齊、北周的北朝皇帝為「魏主」、「齊主」、「周主」。採取因為北朝不是正統，所以不算是真正皇帝的態度。

這個《資治通鑑》的思想對於後世中國史的研究有著極大的影響，就算在日本，所謂的中國專家大多傾向將三國時代之後至隋統一為止的「魏晉南北朝」單純稱作「六朝時代」。

司馬光將直到陳滅亡前一年的五八八年為止的隋文帝稱作「隋主」，稱陳最後的皇帝長城公為「皇帝」。然而，到了五八九年，從該年正月的記述開始，陳的皇帝降級成為「陳主」，並改稱隋文帝為「皇帝」。以陳滅亡的那一年為界，正統忽然南北交替，但為了統一正統的理論，除此之外別無他法。如果不這麼做，則隋不是正統，接下來的唐也不是正統，繼之司馬光出仕的北宋也不會是正統。

這是繞一大圈將與北宋對峙的契丹比作北朝，主張契丹的皇帝不是正統，是沒有權力統治天下的假皇帝。無論「夷狄」的軍力有多強，統治的範圍有多廣，他們都沒有文化、不足以為人，只有「中華」才是真正的人，出現了這樣逞強的「中華思想」。這樣的思想依舊存在於現在的中國當中，成為了中國認清世界現狀的阻礙。

三、基督教傳向蒙古高原

寫給聶斯脫里派大主教的信

西亞的基督教傳播到北亞是這個時代的一大現象。一〇〇七年，位於伊拉克巴格達的基督教聶斯脫里派總主教約翰，收到呼羅珊的莫夫（現土庫曼斯坦的馬雷市）首都主教伊伯杰蘇所寫的一封信，內容如下：

「東北方的突厥居住地裡住著克烈部族的王，有一天，他前往被大雪覆蓋的山裡打獵，迷失了方向。王失去了獲救的希望，這個時候，一位聖人出現在王的面前，如此說道：如果你願意信奉耶穌基督，我就救你脫險，為你指路。王答應聖人成為基督羊群裡的一頭羊，聖人於是履行承諾為王指路，帶他走向正確的道路。在回到自己的營帳後，王向滯留於國內的基督教商人詢問基督教的教義。王從商人口中得知若不受洗就無法成為基督徒。然而，王得到一本福音書，每天禮拜。王希望我（莫夫的大主教）來為他施洗禮，或是派遣能夠施洗禮的聖職人員。關於齋戒的問題，王又對我問道：我們的食物只有肉和乳，該如何遵守齋戒？王又表示，已有二十萬人準備追隨自己。」

收到這封信之後，巴格達的總主教向莫夫首都主教回信表示，為了向所有希望受洗的人施洗禮，願意派遣兩個帶著洗禮所需聖瓶的聖職人員和助祭前往克烈王處，教導他們基督教的禮儀。

就這樣，在鎮州建安軍設置後僅三年，從中亞傳到北蒙古中心地區的基督教，不僅限於克烈部族，也傳到了以南蒙古陰山山脈為根據地的汪古部族，這些部族的後世也一直都是基督徒。

蒙古部族之祖海都

同一時期，蒙古部族的祖先登場。根據拉施德丁的《史集》，住在鄂嫩河的札剌亦兒部族，其中有一派人分開住在克魯倫河，因受到契丹大軍的襲擊，包括孩童在內的所有札剌亦兒人都被俘虜，財產和家畜都遭到掠奪。好不容易逃出來的部分札剌亦兒人用七十輛的牛車移動，來到了蒙古孛兒只斤氏族遺孀莫拿倫居住地的附近。在此札剌亦兒人與莫拿倫發生衝突，殺了莫拿倫一家人。叔父納真帶著莫拿倫唯一生還的兒子海都，投靠八剌忽部族，定居當地。

《元史》的〈太祖本紀〉中有接下來的記載。海都長大後，納真率八剌忽怯谷諸民，擁立海都為君主。海都成為君主之後，率領大軍進攻札剌亦兒部族，收歸臣下。勢力逐漸壯大後，在巴爾古津河列帳搭起蒙古包（蒙古的住房）；跨河為梁，讓往來更為方便。鄰近的部族於是有愈來愈多的人前來會合。這就是實際上蒙古祖先的故事。

海都生存的年代是十一世紀初，正好在這個時期的一〇一四到一〇一五年，發生了敵烈（也就是札剌亦兒）部族反抗契丹，契丹軍隊加以鎮壓，在克魯倫河河畔築城，將敵烈人的俘虜關在這裡的歷史事實。想必這場契丹軍的進攻就是造成後來海都逃往投靠八剌忽部族的原因。

海都的兒子名叫拜姓忽兒，拜姓忽兒的兒子名叫敦必乃。據說這個時代的蒙古部族從貝加爾湖畔的八剌忽怯谷之地，南下顎嫩河的溪谷。會這麼說是因為《元史》〈速不台列傳〉記載，追隨成吉思汗的將軍速不台，他的祖先在顎嫩河狩獵時遇到了敦必乃汗，從此締結主從關係。

《遼史》〈道宗本紀〉記載，一〇八四年，「萌古國」遣使來聘。由此可見，這個時候的蒙古部族內部出現類似於王權的權力系統，採取足以被稱為「國」的形式。

四、女直人的金

金滅契丹

這個時期在東方，名為女直的狩獵民族擴展勢力。位於阿城（黑龍江省省會哈爾濱市的東南）的女直完顏部族族長阿骨打於一一一四年與契丹開戰，翌年，登上大金皇帝之位，即金太祖。金軍勢如破竹，席卷契丹在東北的領地，一一二〇年占領契丹首都上京臨潢府（現在內蒙古自治區赤峰市的巴林左旗之南。參照一一二頁地圖）。契丹的天祚帝逃往南蒙古，打算進入西夏王國，但在一一二五年被金軍俘虜，契丹帝國滅亡。

在此之前的一一二二年，契丹皇族的耶律大石脫離位於南蒙古的天祚帝一行人逃往北蒙古，在鎮州可敦城召集蒙古高原七州的契丹人和十八部族的遊牧民代表，被推舉為王。翌年，耶律大石率領大軍遠征中亞，經過天山山脈北側別失八里的高昌回鶻，占領撒馬爾罕（現烏茲別克的都市），於一一二四年在西邊的起兒漫舉行登基大典，採用契丹語古兒汗、中國語天祐皇帝的稱號，也就是西遼的德宗。德宗於一一二六年定都八剌沙袞（現吉爾吉斯共和國首都比斯凱克東方的楚河畔），又稱虎思斡魯朵。西遼自此開始將近百年，統治中亞突厥體系的各部族，突厥人則將西遼稱作喀喇契丹（黑契丹）。

金在南方占領華北平原，勢力雖然達到淮河一線，但北方則以戈壁沙漠之南為界，並沒有統治現在屬於蒙古國領土的韃靼部族和克烈部族的居住地。

與此同時，北宋康王趙構於一一二七年在南京登基，為南宋高宗。一一三八年，高宗定都杭州（臨安），一一四一年與金講和稱臣。自此之後的東亞，北邊的滿洲、南蒙古、華北屬於金帝國，南邊的華中和華南則屬於南宋帝國，兩國之間大約維持了八十年的和平。

成吉思汗的登場

不過金帝國一直受到從北方邊境入侵掠奪的韃靼部族遊牧民所擾。一一九五年，金帝國動員大軍，征討北方邊境的韃靼部族，同時號召其他遊

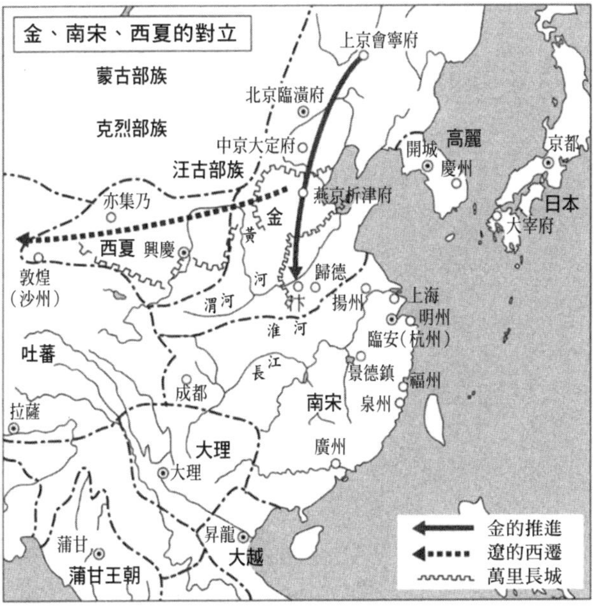
金、南宋、西夏的對立
上京會寧府
蒙古部族
北京臨潢府
克烈部族
中京大定府
汪古部族
開城
高麗
慶州
京都
燕京析津府
日本
亦集乃
金
大宰府
黃
西夏
興慶
河
歸德
敦煌
（沙州）
汴
揚州
上海
渭河
明州
淮河
臨安（杭州）
吐蕃
江
長
景德鎮
福州
成都
南宋
泉州
拉薩
大理
廣州
大理
昇龍
蒲甘
大越
蒲甘王朝
金的推進
遼的西遷
萬里長城

牧部族，從敵人的背後偷襲。這時，蒙古部族出現了名為鐵木真的首領，響應號召，攻擊韃靼部族，立下戰功。克烈王脫斡鄰汗也參與了戰爭。金的皇帝獎賞他們的表現，賜給脫斡鄰汗「王」的稱號，因此又名王汗；另外又授予鐵木真百夫長的官職。

鐵木真死去的父親也速該和王汗是安答（交換重要物品立誓結拜的朋友）。鐵木真視王汗為父親，二人同心協力，逐一征服與金國皇帝敵對的遊牧部族。

鐵木真與王汗共同行動七年，但最終鬧翻，一二〇三年，鐵木真打倒王汗，消滅了克烈王國。接下來又擊敗過去是蒙古高原西部阿爾泰山脈方面大部族的乃蠻族，打倒太陽汗，將戈壁沙漠以北的所有遊牧民都收歸麾下。

到了一二〇六年春天，鐵木真回到自己的故鄉，也就是現在蒙古國東部肯特山脈當中的鄂嫩河發源地附近，召集所有遊牧民的代表舉行會議，在會議上被選為汗，採用成吉思汗的稱號（一二〇六－一二二七年在位）。這就是蒙古帝國的建國。

五、蒙古帝國

用一代建立起的大帝國

成吉思汗原本是作為金國皇帝的同盟者而活動，但到了一二一〇年最終宣布與金斷交，從翌年開始，親自指揮蒙古大軍入侵華北，攻陷金的首都北京，金遷都開封（河南省）。

成吉思汗接下來向西前進，對伊斯蘭教徒的突厥人在中亞至西亞建立的大帝國花剌子模發動戰爭。在長達七年的遠征當中，跨越阿富汗，抵達現在巴基斯坦的印度河岸；另外，他旗下的一支軍隊，由南往北穿越高加索山脈，抵達窩瓦河畔，繞裏海北邊後向東返回。

就這樣，在到成吉思汗結束征伐西夏而死去為止的二十一年間，僅花了自己一代的時間，就開創了大帝國。

成吉思汗的兒子當中，最有實力的是最初的妻子孛兒帖所生的朮赤、察合台、窩闊台、拖雷四人。四個兒子各自

成吉思汗

帶著父親分發的軍隊，前往指定的牧地。

長子朮赤分配到的是現哈薩克斯坦的草原。朮赤家帶領的蒙古人，他們的子孫是俄羅斯聯邦韃靼斯坦共和國的韃靼人、哈薩克斯坦的哈薩克人、烏茲別克斯坦的烏茲別克人。這些人至今依舊說著與突厥語相近的語言，因此經常被誤解是突厥人，但他們原本是蒙古人。

次子察合台分配到的是自現新疆維吾爾自治區天山山脈的北邊開始，經過哈薩克斯坦東南部的巴爾喀什湖，西至錫爾河一帶的地區。

三子窩闊台分配到的是向西流入新疆維吾爾自治區北部的準噶爾盆地、注入哈薩克斯坦東部阿拉湖的額敏河畔。

四子拖雷則是在蒙古高原成吉思汗的大本營與父親同住。為此，成吉思汗死的時候，拖雷繼承了父親的四大斡魯朵（移動宮殿）。

一二二七年，成吉思汗出征現寧夏回族自治區的西夏王國，最終在西夏投降的同時，成吉思汗也因病去世。成吉思汗的遺體橫跨蒙古高原，埋葬在故鄉肯特山中。

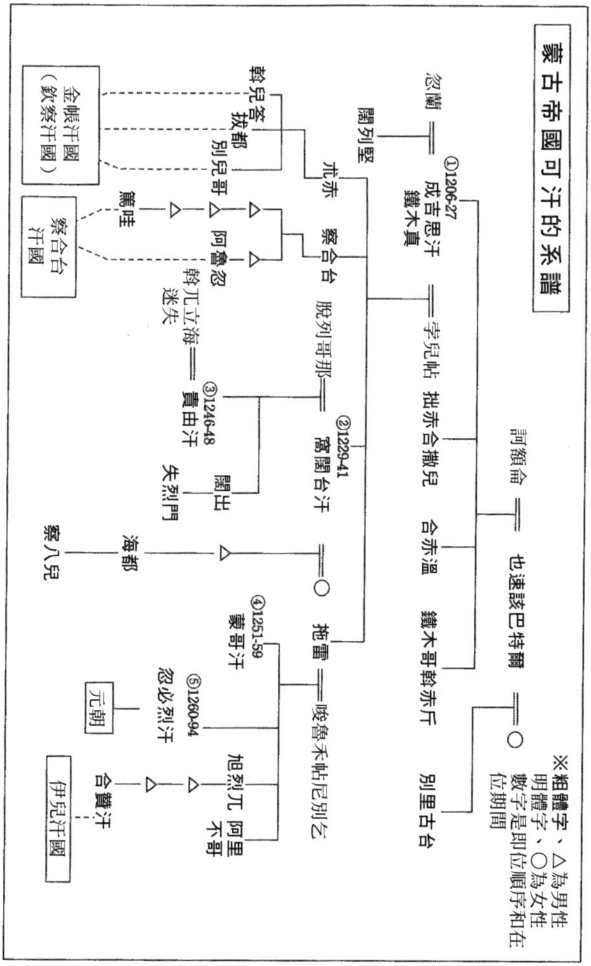
蒙古帝國可汗的系譜
※粗體字：△為男性
明體字：○為女性
數字是即位順序和在位期間
訶額侖
也速該巴特爾
○
忽蘭
闊列堅
①1206-27 成吉思汗
鐵木真
孛兒帖
拙赤合撒兒
合赤溫
鐵木哥斡赤斤
別里古台
朮赤
察合台
脫列哥那
②1229-41 窩闊台汗
○
拖雷
唆魯禾帖尼別乞
斡兒答
拔都
別兒哥
阿魯忽
篤哇
斡兀立海迷失
③1246-48 貴由汗
闊出
失烈門
海都
察八兒
④1251-59 蒙哥汗
⑤1260-94 忽必烈汗
旭烈兀
阿里不哥
合贊汗
元朝
伊兒汗國
金帳汗國（欽察汗國）
察合台汗國

窩闊台的歐洲遠征

由於蒙古帝國橫跨亞洲大陸兩端，需要時間才能集合代表選出下一任可汗。在成吉思汗死後過二年的一二二九年，終於在蒙古高原克魯倫河畔的成吉思汗大斡魯朵召開會議。次子察合台擔任議長，推薦三子窩闊台。全員覆議，窩闊台於是成為了第二代可汗（一二二九—一二四一年在位）。

到了一二三四年，在窩闊台汗的指揮之下，攻下金帝國最後的首都蔡州（河南省汝南縣），金帝國滅亡。翌年一二三五年，窩闊台汗在蒙古高原的鄂爾渾河畔興建城鎮喀喇昆侖。喀喇昆侖現在稱作哈拉和林，是蒙古國少數可以進行農耕的地方。窩闊台汗引鄂爾渾河的水進入喀喇昆侖，建設都市。可汗的宮殿整年都在草原上移動，偶爾停留喀喇昆侖，補給物資之後又再度離開。

在喀喇昆侖建設完成的一二三五年，窩闊台汗在附近的草原召開會議。各代表從蒙古帝國各角落聚集，在會議上作出決議的是，征服世界的計畫。當中又以歐洲征服計畫最為重要。

窩闊台汗的歐洲征服計畫於一二三六年春天開始執行。成吉思汗長子朮赤家的次子拔都擔任總司令官，在他的指揮之下，成吉思汗分家的各個代表都率領自己的軍隊加入遠征。

成吉思汗次子察合台家派出孫子不里，三子窩闊台汗家派出長子貴由，四子拖雷家派出長子蒙哥等，許多皇族都參戰。

遠征軍首先征服位於烏拉爾山、現韃靼斯坦共和國的保加爾人的王國，翌一二三七年，又往西攻下羅斯諸侯國的諸多城市。羅斯是九世紀從瑞典渡過波羅的海，在東歐建設城鎮，統治斯拉夫人、波羅的人、芬蘭人的種族。之後俄羅斯人的名字就是源自羅斯。

蒙古軍接下來征服北高加索，一二四〇年，占領現在烏克蘭的首都基輔。蒙古軍緊接著直搗波蘭，一二四一年四月九日，在萊格尼察擊潰波蘭王和德意志條頓騎士團的聯軍。繼而又順道蹂躪匈牙利，直達位於現在奧地利首都維也納南方的維也納新城。這時，窩闊台汗死去的消息剛好傳到前線，蒙古軍於是在維也納新城前退軍。另一支蒙古軍從奧地利南下，抵達達爾馬提亞的亞得里亞海岸，從這裡橫跨塞爾維亞，往東方退軍。

總司令拔都繼續留在伏爾加河畔，開啟自己的宮廷。這是白色的斡魯朵，也就是金帳汗國，拔都一族自十三世紀起至十八世紀為止，君臨俄羅斯五百年。第一個從蒙古統治獨立的俄羅斯君主是羅曼諾夫家的彼得一世（一六八二—一七二五年在位）。

忽必烈征服大理王國

窩闊台汗於一二四一年死後，由長子貴由汗（一二四六—一二四八年在位）繼位，但他嗜酒體弱，不久後就死了。拖雷的遺孀唆魯禾帖尼別乞支持長子蒙哥，朮赤家的拔都也推薦蒙哥，於是一二五一年夏天，蒙哥汗即位（一二五一—一二五九年在位），之後他立刻對蒙古帝國各處的察合台家和窩闊台家勢力展開大肅清。就這樣，拖雷家終於站上了蒙古帝國權力的頂峰。

蒙哥汗任命弟弟忽必烈為戈壁沙漠以南的蒙古高原和華北的總督，命他征伐南宋。這時的忽必烈主張，比起正面攻擊南宋，應該要先征服南宋背後的大理王國。於是，蒙哥汗將陝西省的西安賜給忽必烈為領地，忽必烈便以此處為遠征的根據地，建造宮殿。

一二五二年，忽必烈從陝西省率領大軍，經由西藏高原東部南下，征服相當於現在雲南省、屬於泰人的大理王國。泰人因此從雲南省開始南下，擴展至寮國和泰北。

蒙哥汗的另一個弟弟旭烈兀受兄長之命，於一二五三年出發征服伊朗高原。旭烈兀於一二五六年渡阿姆河進入伊朗高原，一二五八年進攻巴格達，殺了阿拔斯王朝最後一任的哈里發（哈利法）穆斯台綏木，繼續向敘利亞進軍。

一二五七年，蒙哥汗在克魯倫河的成吉思汗大斡魯朵召開會議，席上決定對華中和華南的南宋展開遠征計畫。蒙哥汗將蒙古高原的政務交給最小的弟弟阿里不哥，親自率領蒙古大軍的主力部隊南下，一二五八年夏天，設基地於六盤山（現在的寧夏回族自治區南部）。秋天，將輜重留在六盤山，南下進攻四川盆地，包圍南宋的合州城（合川縣）。然而，南宋軍隊頑強抵抗，久攻不下，同時蒙古軍陣營爆發赤痢，蒙哥汗也染病，而於一二五九年八月十一日，在合州城外的釣魚山死去。

採用國號大元

忽必烈之後從南蒙古的根據地向南宋的鄂州城（湖北省武漢市）進軍，但途中聽到兄長蒙哥汗在合州城外死去的消息。可是忽必烈並沒有馬上退軍。部下兀良哈台從雲南省向安南進軍，從安南入侵現在廣西壯族自治區的南宋

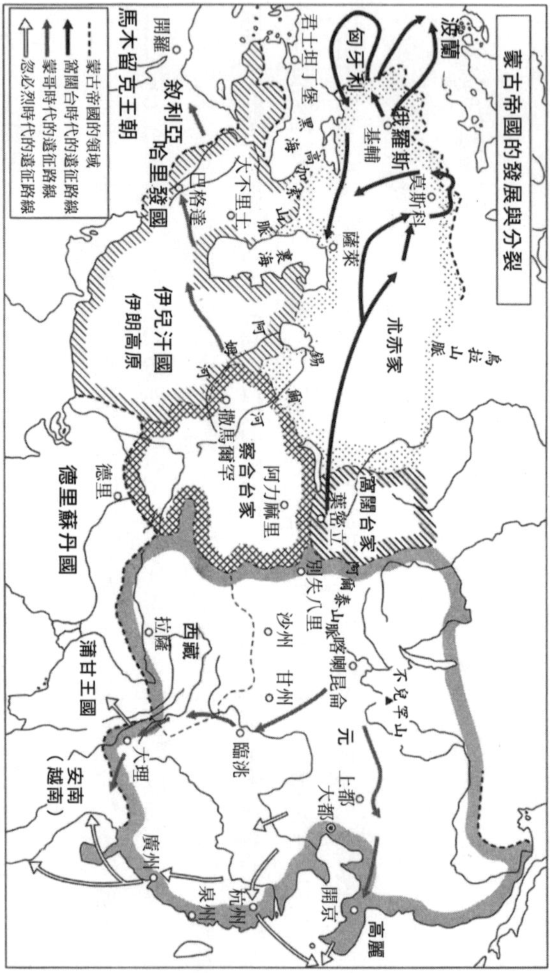
蒙古帝國的發展與分裂
蒙古帝國的領域
窩闊台時代的遠征路線
蒙哥時代的遠征路線
忽必烈時代的遠征路線
波蘭
匈牙利
俄羅斯
基輔
莫斯科
薩萊
烏拉山脈
朮赤家
君士坦丁堡
黑海
高加索山脈
裏海
太不里士
巴格達
敘利亞
哈里發國
開羅
馬木留克王朝
伊兒汗國
伊朗高原
阿姆河
錫爾河
撒馬爾罕
察合台家
阿力麻里
葉密立
窩闊台家
德里
德里蘇丹國
阿爾泰山脈
別失八里
喀喇昆侖
不兒罕山
沙州
甘州
西藏
拉薩
蒲甘王國
臨洮
大理
安南（越南）
元
上都
大都
開京
高麗
廣州
泉州
杭州

領土，並從這裡由南向北穿越湖南省，為了在鄂州與忽必烈會合而繼續北上。忽必烈一方面繼續包圍鄂州，同時又與南宋交涉、締結和議，接收兀良哈台的軍隊後向北方退軍。

這時，位於蒙古高原戈壁沙漠北邊的阿里不哥一派，和南邊的忽必烈一派各自奔走，集結勢力。忽必烈於翌年一二六〇年春天，在自己建設的都市開平府（內蒙古自治區多倫縣的西北，有正藍旗的遺跡）附近召開大會，在會議中被選為可汗（世祖薛禪汗，一二六〇—一二九四年在位）。與此同時，阿里不哥也在喀喇昆侖西邊的西按坦河召開另一個大會，被選為可汗。

兄弟之間的內戰持續了四年，忽必烈禁止供應喀喇昆侖糧食，且原本應該是阿里不哥盟友的察合台家阿魯忽也背叛了他，占據錫爾河和阿姆河之間的現烏茲別克斯坦地區，窮途末路的阿里不哥於一二六四年向兄長忽必烈投降。

於是，忽必烈成為了蒙古帝國之首的可汗。

作為自己領土的整體稱呼，忽必烈於一二七一年採用國號「大元」。「大元」代表「天」的意思。這便是元朝名稱的由來。元朝就此成立，但其原始根據地還是在蒙古高原，元朝的歷代皇帝，在位期間絕不會踏入北京以南的中國。

忽必烈汗在這個北京之地新建了名為大都的都市。包含在之後的明朝、清朝的時代北京的市街，大都成為一個向東和北擴展的大都市，突厥語稱作汗八里。忽必烈汗和其子孫的元朝歷代可汗都將位於華北平原北端、從蒙古高原南下立刻可以抵達的大都當作冬季的避寒營地、補給基地。春天來臨時，可汗的宮廷回歸到蒙古高原，從夏天到秋天則在草原上過著移動的生活，到了冬天才會前往大都。

大都同時也是統治漢人的行政中心。在此之前，消滅金帝國的窩闊台汗曾針對華北的新占地實施人口調查。一二三六年的統計中，出現一百十一萬戶的數字。從這個數字看來，漢人的人口不過五百萬人左右。而且根據十四世紀的記錄，這裡所謂的「漢人」除了宋代的漢人子孫之外，還包括契丹人、女直人、渤海人、高麗人。簡言之，將定居而過著都市生活的所有種族概括稱作「漢人」。

忽必烈汗在蒙古高原上建設的開平府升級稱作上都，這裡是從春天到秋天之間，可汗宮廷在蒙古高原各地移動時的補給基地，同時也是針對遊牧地帶的行政中心。

元朝的中國統一

對於朝鮮半島的高麗王國，從窩闊台汗治世的一二三一年起，蒙古軍開始入侵。這時掌握高麗實權的是軍人崔氏一族。崔氏將高麗王國的首都從陸上的開城遷到江華島，命令人民當蒙古軍來襲的時候躲到山城裡或是海上的島嶼，就這樣抵抗了將近三十年的時間。到了一二五八年，江華島上發生政變，崔氏政權倒台，高麗王國喪失抵抗的能力，投降蒙古。

這時代表高麗向蒙古提出投降的是太子倎（後來的元宗王），他與正前往追上在四川陣中的蒙哥汗的途中得知蒙哥汗死去、從鄂州前線退軍的忽必烈在北京郊外會面。忽必烈非常歡喜。此後，高麗王在忽必烈的宮廷獲得極高的地位。元宗王的兒子忠烈王迎娶忽必烈的皇女忽都魯揭里迷失，生下忠宣王，之後歷代高麗國王都迎娶元朝的皇女，成為元朝的女婿，在可汗身邊過著蒙古式的宮廷生活。

忽必烈汗於一二六八年再度對南宋展開攻擊。蒙古大軍包圍漢江沿岸的南宋要塞襄陽城（湖北省的襄樊市），但南宋軍英勇抵抗。包圍持續了五年時間，到了一二七三年，終於攻下襄陽。通往南宋臨時首都臨安（浙江省杭州市）的道路就此打開。出身巴阿鄰氏族的將軍伯顏指揮元軍沿漢江而下，一二七五年占領鄂州，再從這裡沿長江而下，一二七六年占領臨安。伯顏俘虜了南宋當時只有六歲的最後一任皇帝瀛國公，帶到忽必烈汗的面前。南宋帝國就此滅亡。元朝人稱南宋的遺民為「南人」。

就這樣，元朝完成中國統一。之後的中國不再是自己的「天下」，而是蒙古帝國歷史的一部分。忽必烈於是成為了歷史上第一位既是世界帝國的可汗，同時又兼任中國皇帝的君主。以這一年為界，中國史第二期結束，第三期開始。

第六章

世界帝國：

中國史的第三期前期

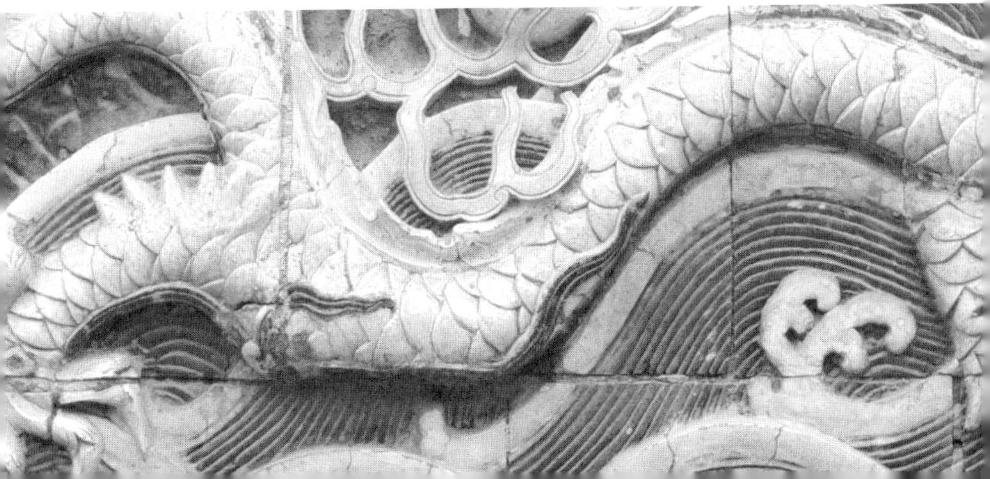

一、東亞的整合

君臨華與夷的皇帝

一二七六年南宋滅亡，北自北蒙古的喀喇昆侖，南抵南海為止的廣大東亞，全被涵蓋進以北京為中心的政治、經濟組織當中。從這一年開始直到一八九五年清朝敗給日本，放棄中國傳統的文化，朝著日本式近代化邁進為止，屬於中國史的第三期。之間約六百年間，以一六四四年滿洲族的清朝入山海關、遷都北京的事件為界，區分成前期和後期。

這個時代的特徵是中國人口的增加、華南的開發，以及最重要的是完成中國與東亞的其他部分在政治和經濟上的整合。

如前所述，在二世紀，中國的人口從五千多萬人一下子銳減至四百多萬人，三世紀末晉朝短暫統一期間回復到一千多萬人，三〇〇年開始，經過八王之亂、五胡十六國之亂、南北朝對立，人口再度陷入低迷。六世紀末隋統一中國（根據《隋書》〈地理志〉的記載，六〇九年的人口為四千六百零一萬九千九百五十六人）之後，唐代人口持續維持四千多萬人（根據《舊唐書》

〈地理志〉的記載，七四〇年的人口為四千八百一十四萬三千六百零九人）。

契丹和北宋對立、女直與南宋對立期間，中國的人口陸續增加。根據《元史》〈地理志〉的記載，在這裡所說的中國史第三期前期的元時代，一二九〇年的人口是五千八百八十三萬四千七百一十一人；明時代的人口，根據《明史》〈地理志〉的記載，一三九三年是六千零五十三萬五千八百一十三人，一四九一年是五千五百零三萬七千二百三十六人，一五七八年則是六千三百六十九萬一千零五十六人；幾乎都在六千萬人上下。

人口增加的大部分都發生在這個時代急速開發的江西、福建、廣東各省。尤其在元代，江西省是世祖忽必烈的皇太子真金的直轄領，從山西省和陝西省方面忽必烈家的私領地區，遷移大量的移民進入江西省，開發快速地進行。說著山西方言的客家族就是從這個時候開始出現在江西省。另外，福建省在唐末，有許多北方而來的移民，到了這個時代，幾乎已經完成漢化，但文化的基礎依舊是泰語體系。

另一方面，第二期後期統治北亞和華北的契丹族的遼朝，以及繼承遼朝的女直族的金朝，他們的政治和經濟體系在進入第三期之後由蒙古族的元朝所完成，將北亞和中國整合成了一個文明圈。換句話說，進入這個時代之後，皇帝被認為應該君臨「華」和「夷」雙方；另一個值得注意的是，在這個時代，新儒教成為了中國的國教。

二、新儒教

朱熹整合思想體系

以一八四年的黃巾之亂為界，王莽以來的中國國教儒教實質上滅亡。取而代之的是從祕密結社成員的信仰所發展出來的道教，成為中國宗教的主流。另外，過去屬於商人團體的宗教、從中亞傳入中國的佛教也作為道教的一種在中國人之間逐漸普及。道教和佛教都為了在宮廷掌握指導權，互相展開激烈的競爭，佛教在經過被稱作「三武一宗法難」的四次大迫害（北魏太武帝的四四六年、北周武帝的五七四年和五七七年、唐武宗的八四五年、後周世宗柴榮的九五五年）後，勢力完全衰弱，宋代道教興盛。

與此同時，至今為止以儒教為中心的各種學術也改成以道教為中心重新整合，在中國歷史的第二期，認為三教（儒教、佛教、道教）一致的想法是普遍的。

當中，到了宋代，出現了維持以道教為中心的思想體制，但將用語換成古儒教經典用語的新儒教。周敦頤（一〇一七—一〇七三年）、張載（一〇二〇—一〇七七年）、程顥（一〇三二—一〇八五年）、程頤（一〇三三—一一〇七年）是其代表性人物，最終在福建新開發地的地主朱熹（一一三〇—一二〇〇年）手中發展完成，成為綜合性的思想體系。新儒教又稱宋學、朱子學、道學、性理學。新儒教認為萬物的根源是理和氣，提倡先理後氣的理學。氣是形質的本原，理既是氣的活動的法則，也是調和宇宙生成作用秩序的根源。這個天理在人身上被視為是人的本質，並以氣為基礎、與人的欲念對立。強調道德的實踐不是外界賦予的東西，而是必須遵從的至上命令。朱熹又主張君臣的道德也是天理，鼓吹臣下的忠節。

然而，在中國歷史的第二期中，這個新儒教並未獲得政府的公認，到了第三期，蒙古族的元朝首度在一三一四年以朱子學的解釋為基準實施科舉。自此之後，新儒教成為中國的國教。只是，這不過是讀書人階層的官方說法，一般中國人的信仰內容依舊是道教，或是混合道教的佛教。

三、元朝

文永、弘安之役的背景

自一二七六年元世祖忽必烈薛禪汗派大軍滅了南宋帝國，合併華中和華南起，直到一六四四年，李自成攻下北京，明崇禎帝自殺，清順治帝進入北京當上皇帝為止，是中國史的第三期前期。

忽必烈汗的元軍曾二度遠征日本。當中，一二七四年的第一次日本遠征（文永之役）與高麗王國的情勢有關。

高麗王國在投降蒙古之後，宮廷一直不肯從江華島遷出回到開城的首都，再三催促之下，高麗元宗王的宮廷終於在一二七〇年從江華島遷出，但原本是崔氏私兵精銳部隊的三別抄對此反對進而反叛，帶著其他的王逃到全羅南道的珍島。蒙古軍和高麗軍聯合攻陷珍島。三別抄又再度逃脫，逃到了耽羅島（濟州島）。到了一二七三年，終於平定耽羅島。濟州島至今為止都是獨立的王國，從這個事件之後，成為了忽必烈家的直轄領，在這裡設置蒙古馬的牧場。

自三世紀《三國志》的〈魏書〉〈東夷傳〉當中記載的「倭人」一條（所

謂的《魏志倭人傳》）以來，日本列島一直被認為是南北狹長，位於華南的東方海面上。忽必烈以作為進攻南宋的一環，計畫占領日本列島，從背後突襲南宋。一二七四年，派遣蒙古和高麗的聯軍進攻日本，試圖從北九州上陸，但最終失敗。

一二八一年的第二次日本遠征（弘安之役）也與南宋有關。由於一二七九年結束清掃南宋餘黨，忽必烈汗命南宋的水軍回航五島列島，以這些水軍為核心部隊，再度嘗試登陸北九州，但依舊以失敗告終。

除此之外，忽必烈汗也跨海派遣軍隊試圖征服薩哈林島（庫頁島）、台灣、爪哇島，但全數失敗，蒙古帝國無法向海外擴張勢力。海外發展雖然失敗，但征服南宋帝國為忽必烈帶來了巨大的財產。

忽必烈領地的經營

蒙古帝國並沒有統治整體的中央政府，而是多數領主的兀魯思（領地）的集合。在這些領主當中居首的是忽必烈家的元朝皇帝。就算是元朝，忽必烈汗也不是唯一的領主。

原本是金領地的滿洲和華北，和原本是南宋領地的華中和華南等定居地帶，在蒙古剛征服的時候，將這些地方分給參與戰爭的皇族和將軍們，他們的領地和領民有如馬賽克一般混合，可汗的直轄領也四散其中。

就這樣，忽必烈汗經營自己的領地，而代替其他皇族和蒙古貴族經營領地的是名為中書省的機構。中書省設置在大都，管轄蒙古高原的戈壁沙漠以南和華北的山東省、山西省、河北省。中書省直轄地之外的地方則設置由中書省派遣、名為行中書省的機構，管理當地的定居民。

其他的機構包括尚書省，負責投資商業、經營礦場和工廠，並增加忽必烈汗的私有財產。負責治安工作的樞密院是忽必烈汗的參謀本部。御史台是行政的監察機關。

八思巴文字的發明

就像這樣，忽必烈汗在整頓官府機構的同時，文化方面也留下了功績，最有名的就是八思巴文字。

藏傳佛教薩迦派的教主是名為薩迦班智達的著名學僧。窩闊台汗的次

忽必烈汗

子闊端皇子負責征服西藏，薩迦班智達作為西藏的代表，闊端於是召見他前來自己的牧地涼州（甘肅省武威縣）。薩迦班智達在侄子八思巴的陪伴下於一二四六年抵達涼州，一二五一年七十歲時在涼州死去。由於闊端和蒙哥的交情好，因此在同年蒙哥汗即位後展開的大肅清中平安無事。一二五三年，忽必烈獲得兄長蒙哥賜予西安當作領地，抵達後從闊端手中接收停留在涼州的八思巴，讓他成為自己的侍僧。一二六〇年忽必烈成為可汗，授予八思巴國師的稱號和玉印，命他創造新的蒙古文字。八思巴改良橫向書寫的西藏文字，將字母改成直向書寫。忽必烈於一二六九年公布這個新的蒙古文字，定

八思巴文字的通行令牌
一八四六年在葉尼塞州克拉斯諾亞爾斯克出土的銀製牌子。以八思巴文刻著「依照長生天的力量，可汗的聖諭。不尊敬的人，將受懲罰」（根據 N. N. 鮑培〔Poppe〕的解讀）。

為國字。之後，可汗詔敕的蒙古語本文會用這個文字書寫，再附上每個地方文字的譯文。由於創造文字的功績，八思巴被授予帝師大寶法王的稱號，成為了忽必烈家統治權內所有佛教教團的最高領袖，八思巴自己的昆氏家族，從此世襲蒙古帝國西藏總督的地位。

在蒙古，由於用回鶻文字書寫蒙古語的習慣已經確立，因此好不容易創造出的八思巴文字並沒有在蒙古普及。然而，八思巴文字傳到了元朝統治之下的高麗王國，到了取代高麗朝的朝鮮世宗王時，以八思巴文字的知識為基礎，創造諺文，並於一四四六年公布解說諺文的《訊民正音》。

窩闊台家的再起和反叛

忽必烈汗和祖父成吉思汗相同，擁有四個斡魯朵，裡面住著正式結婚的可敦（皇后）。忽必烈與他的可敦們生下十二個兒子。他最愛的妻子是出身弘吉剌氏的察必可敦，她總共生下四個兒子，分別是長子朵兒只、次子真金、三子忙哥剌、四子那木罕。

長子朵兒只體弱，很早就死了。忽必烈汗傳位給次子真金，封他為燕王，賦予他中書省和樞密院的監督權。於是到了一二七三年，正式立真金為皇太子，並授予察必可敦皇后的稱號。

另一方面在中亞，窩闊台的孫子海都崛起，重建曾經被拖雷家擊潰的窩闊台家，與察合台家聯盟，並得到朮赤家的援助，終於在一二六八年與忽必烈汗開戰。海都在生涯四十一場戰役當中是被稱為常勝軍的戰爭天才，元朝於是將大軍集結於西北邊境，隨時防禦海都來襲。

忽必烈汗的第四子那木罕被封為北平王，負責蒙古高原的防衛，但在一二七七年遭到部下昔里吉（蒙哥汗的兒子）的背叛，被交到海都的手裡。與海都聯手的昔里吉大軍入侵蒙古高原深處。忽必烈緊急召回剛征服南宋的元朝將軍伯顏，在鄂爾渾河畔擊退反叛軍。那木罕從海都手裡被送到朮赤家拔都的孫子忙哥帖木兒處，扣留在伏爾加河畔的白色斡魯朵，一二八四年終於獲釋，回歸元朝。

皇太子真金猝死

之後，忽必烈汗將自己大部分財產都讓給皇太子真金。

一二七九年，真金代替六十五歲的父親忽必烈汗決策各項政務。真金的弟弟忙哥剌這時已經死去，那木罕又被海都俘虜，真金沒有其他競爭對手。在大家都篤定認為真金就是繼承忽必烈汗的下一任可汗時，真金卻於一二八五年比父親還早死去。

真金的遺孀、出身弘吉剌氏的闊闊真可敦有三個兒子，分別是甘麻剌、答剌麻八剌、鐵穆耳。

祖父忽必烈汗疼愛兒子的次子答剌麻八剌，但答剌麻八剌卻在一二九二年比祖父先一步死去，年僅二十九歲。忽必烈汗於是封長子甘麻剌為晉王，負責蒙古高原的防衛，並將克魯倫河畔的成吉思汗四大斡魯朵賜給他當領地。

期間，海都和元朝的戰爭持續在西北方面進行。一二八七年在東北方面，成吉思汗弟弟的子孫、領有滿洲北部的乃顏和哈丹等人與海都聯手，反叛忽必烈汗。

忽必烈汗親自出征消滅乃顏，翌一二八八年派遣真金的第三子鐵穆耳擊敗哈丹，平定叛亂。就這樣，東北方面的反叛雖然平息，但西北方面依舊由海都占優勢。

一二九三年，忽必烈汗召回負責防衛蒙古高原的將軍伯顏，授予孫子鐵穆耳皇太子之印，命他擔任蒙古高原防衛的總司令官。

翌一二九四年二月十八日，忽必烈汗病死，享年八十歲。

四、元朝汗位的繼承

鐵穆耳汗的即位

由於忽必烈的妻子察必可敦已經於一二八一年死去，真金的遺孀闊闊真可敦在可汗位懸空期間執掌國政。一二九四年夏天，在上都召開了決定汗位繼承人的大會。在大會上選出君主繼承者是草原遊牧民族的傳統。

在大會上，針對於在死去的皇太子真金的長子晉王甘麻剌和三子鐵穆耳之間，究竟該選誰繼承汗位，發生爭論。二位皇子的母親闊闊真可敦是非常賢明的婦人，她向兩人如此說道：「薛禪汗（忽必烈）曾說：『無論是誰，應由更熟知成吉思汗必里克（格言）者登上玉座。』因此，你們各自念出成吉思汗的格言。讓在場出席的各位知道誰更熟知必里克。」

鐵穆耳能言善道且記性佳，用完美的發音朗誦出必里克。另一方面，甘麻剌有一點口吃，不習慣這樣的場面，因此完全不是鐵穆耳的對手。出席會議的人異口同聲地喊著：「鐵穆耳皇子更熟知必里克，朗誦地也很好聽，他更適合登上汗位。」

於是，闊闊真可敦將刻著「受命於天，既壽永昌」的玉璽授予鐵穆耳，鐵穆耳汗確定即位（成宗完澤篤汗，一二九四－一三〇七年在位）。這個玉璽原本在札剌亦兒部族木華黎王國的子孫家，由秦始皇製作，是漢歷代皇帝流傳的玉璽。

已故皇太子真金的長子甘麻剌於一二九二年成為蒙古高原克魯倫河畔、成吉思汗留下的四大斡魯朵的領主，擔任供奉成吉思汗靈魂的神官長。這裡除了成吉思汗的斡魯朵之外，也有歷代可汗遺留下來的斡魯朵，甘麻剌為了他們的靈魂而建造了一座廟。甘麻剌宮廷所編纂的《元朝秘史》記錄了成吉思汗廟祭神的緣起。內容從成吉思汗的祖先開始，直到一二〇六年即位為止的故事，當中也夾雜許多創作的故事。甘麻剌於一三〇二年死去，由長子也孫鐵木兒繼承晉王。

弘吉剌派掌握實權

這個期間，蒙古高原元朝領土西北邊境依舊持續與中亞的海都交戰，一三〇一年，海都動員窩闊台家和察合台家的所有兵力入侵蒙古高原。戰爭最終由海都獲得勝利，但他在返回的途中病死。

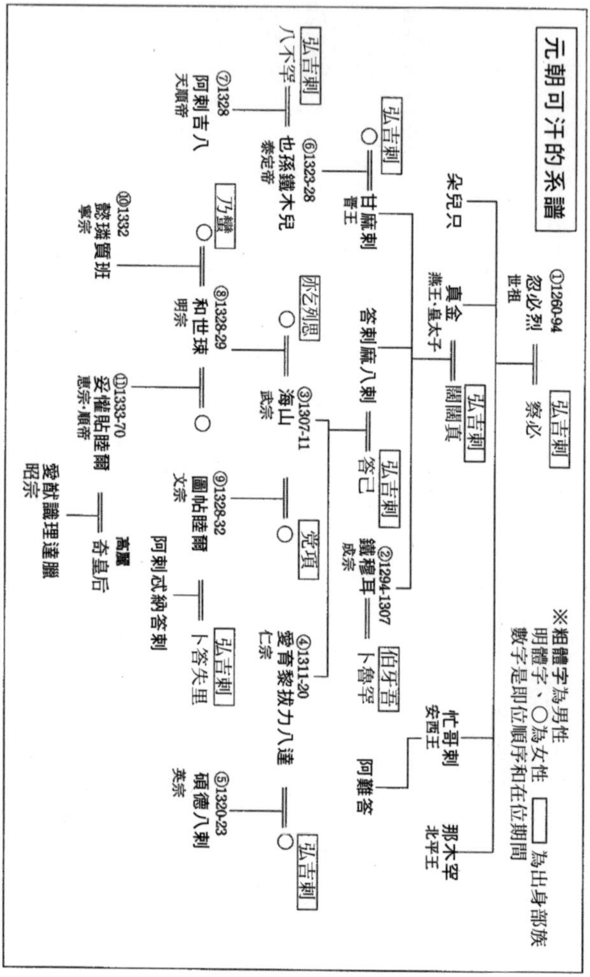
元朝可汗的系譜
※粗體字為男性
明體字、○為女性 為出身部族
數字是即位順序和在位期間
弘吉剌
察必
①1260-94
忽必烈
世祖
朵兒只
真金
燕王·皇太子
弘吉剌
闊闊真
忙哥剌
安西王
那木罕
北平王
阿難答
弘吉剌
甘麻剌
晉王
答剌麻八剌
②1294-1307
鐵穆耳
成宗
伯牙吾
卜魯罕
弘吉剌
答己
③1307-11
海山
武宗
④1311-20
愛育黎拔力八達
仁宗
弘吉剌
⑤1320-23
碩德八剌
英宗
⑥1323-28
也孫鐵木兒
泰定帝
弘吉剌
八不罕
⑦1328
阿剌吉八
天順帝
亦乞列思
⑧1328-29
和世㻋
明宗
党項
⑨1328-32
圖帖睦爾
文宗
弘吉剌
卜答失里
阿剌忒納答剌
乃蠻
⑩1332
懿璘質班
寧宗
⑪1333-70
妥懽貼睦爾
惠宗·順帝
高麗
奇皇后
愛猷識理達臘
昭宗

海都死後，窩闊台家的汗位由他的兒子察八兒繼承。察合台家的當家篤哇與察八兒商量，於一三〇五年向元朝的鐵穆耳汗求和。鐵穆耳汗接受之後，全蒙古帝國在這裡首度承認元朝的可汗為宗主。

篤哇和察八兒不久之後便鬧翻。遭到察合台家軍隊和元軍夾擊的察八兒走投無路，於翌年一三〇六年投降篤哇。察八兒的窩闊台家領地被察合台家合併，窩闊台家就此滅亡。

一三〇七年鐵穆耳汗死後，由皇太后闊闊真可敦出身的弘吉剌氏族掌握實權。弘吉剌氏族為了保持與皇室的姻親關係而發動政變，甚至暗殺可汗，排除一切阻礙。

一三二〇年即位的碩德八剌汗計畫進行政治體制的改革，但卻遭到害怕因此失去權力的弘吉剌派舊勢力猛烈反對，一三二三年九月四日，弘吉剌派的廷臣共謀殺害碩德八剌汗。

由於碩德八剌汗沒有兒子可以繼位，因此弘吉剌派遣使前往晉王也孫鐵木兒處，希望他即位。也孫鐵木兒是晉王甘麻剌的兒子。

殺害碩德八剌汗的弘吉剌派廷臣之所以推舉晉王也孫鐵木兒為下一任可汗，是因為也孫鐵木兒的母親出身弘吉剌氏族。也孫鐵木兒立刻於一三二三年十月四日，在克魯倫河畔的成吉思汗大斡魯朵舉行即位儀式（泰定帝，一三二三－一三二八年在位）。與此同時，新任可汗立刻派遣軍隊前往大都，逮捕殺害碩德八剌汗的廷臣及其黨羽，一一處刑。

內亂與軍閥的崛起

也孫鐵木兒汗自己於同年冬天的十二月十二日抵達大都，掌握元朝大權。在可汗離開後的克魯倫河畔的成吉思汗廟，於翌一三二四年開始編纂《元朝秘史》的續篇《元朝秘史續集》，記述從成吉思汗即位後直到一二二九年窩闊台汗即位為止的故事。

一三二八年也孫鐵木兒汗死去，元朝發生內亂。也孫鐵木兒汗和弘吉剌氏的皇后八不罕可敦所生的皇太子阿剌吉八於上都即位（天順帝）。然而，在大都卻有人反對。九月八日，燕帖木兒指揮的欽察人軍團發動政變。這時，已故海山汗的次子圖帖睦爾從海南島被遷移到湖北的江陵，燕帖木兒於是把圖帖睦爾叫到了大都，立他為汗，與上都開戰。

欽察人的軍團在蒙哥即位前從軍的拔都西方遠征軍中立下戰功，被帶回了蒙古高原，因此與出身北高加索的基督教徒阿速特（阿蘇特）人軍團一起，

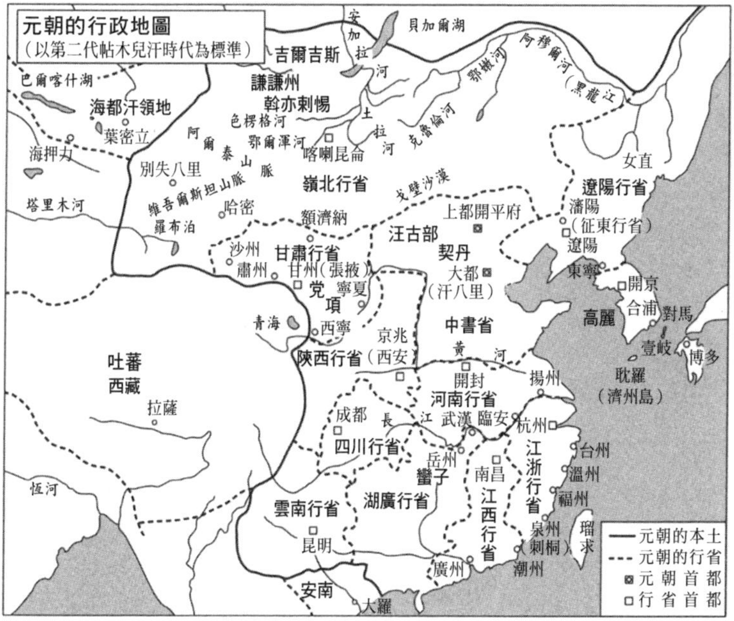

元朝的行政地圖
(以第二代帖木兒汗時代為標準)

成為蒙哥的弟弟忽必烈的護衛隊。尤其在與海都的對戰當中，欽察人立下顯赫的戰功，其司令官土土哈甚至因為戰功而獲賜蒙哥汗的斡魯朵。土土哈的兒子是床兀兒，床兀兒的兒子是燕帖木兒。

一三二八年的戰爭在持續二個月後的十一月十四日，大都的燕帖木兒軍攻陷上都，內亂勝負已定。阿剌吉八行蹤不明。

燕帖木兒死後，宮廷的最高權力者是率領阿速特軍團的蔑兒乞人伯顏。一三三五年，伯顏鎮壓由燕帖木兒的兒子唐其勢所發動的政變，殺了唐其勢，手握獨裁權。

伯顏的權勢甚至超越了元朝的可汗。心有不滿的妥懽貼睦爾汗於是煽動伯顏弟弟馬札兒台的兒子脫脫，讓他除去自己的伯父。一三四〇年，由脫脫之手發動政變，伯顏遭到流放後死去，取而代之的是馬札兒台和脫脫父子。

五、白蓮教的紅巾之亂

瑣羅亞斯德教體系的民間宗教

就這樣，當元朝的宮廷不斷發生政爭的時候，中國開始出現反抗蒙古人統治的活動。一三四八年，台州（浙江省天台縣）的鹽商方國珍發動反叛成為海盜，擾亂江蘇、浙江、福建的海岸。一三五一年，由名為白蓮教的宗教結社所組織的紅巾軍叛亂在河北、山東、河南、安徽、湖北一帶爆發，中國的穀倉地帶陸續落入反叛軍手裡。

白蓮教是波斯瑣羅亞斯德教（沃教）體系的民間宗教。教義主張這個世界是光明的善神陣營和黑暗的惡神陣營對抗的戰場，在時間的終點，光明將戰勝黑暗，與此同時，世界毀滅，然而在此之前將出現救世主，拯救光明的信徒，帶來幸福。一三五一年的紅巾之亂是從河北的中國人韓山童預言世界即將因發生大戰而毀滅，救世主就要降臨開始。韓山童雖然遭到逮捕，但他的兒子韓林兒脫逃。後於一三五五年，韓林兒在亳州（安徽省亳州市）成立紅巾軍的中央政府，即位自稱大宋皇帝小明王。

根據白蓮教的用語，救世主被稱為「明王」，代表是身為光明善神，抵抗黑暗惡神的王者。

元軍的衰退和紅巾政權

脫脫於一三五二年親自率領大軍討伐紅巾軍，奪回徐州（江蘇省的徐州市），給予敵軍強大打擊。元朝的宮廷裡沒有人可以與脫脫的權勢抗衡，妥懽貼睦爾汗於是又開始策畫除掉脫脫。一三五三年，與方國珍同樣出身鹽商的中國人張士誠在江蘇發動叛亂，於高郵（江蘇省高郵縣）樹立政權，脫脫於翌一三五四年再次親率大軍出征。在陣中，可汗的解任詔書送達，奪取了脫脫的指揮權，免除一切官職，行流放處分。脫脫於翌年在雲南的流放所遭到毒殺。

自一三二八年內亂起，操控宮廷的軍閥勢力就此排除，但軍閥的沒落導致元軍指揮系統的分裂，結果使得戰鬥力降低。亳州的韓林兒紅巾政權就是趁著這個空隙樹立。紅軍政權一度被元軍擊敗退至安豐（安徽省鳳陽縣），但立刻又重振旗鼓，於一三五八年進攻汴梁（河南省開封市），分成三路的紅巾軍同時朝向山東、山西、陝西進攻。其中，進攻山西的紅巾軍從山西經由大同盆地進入蒙古高原，攻陷上都燒毀宮殿，又向東進入滿洲，於一三五九年占領遼陽，又渡鴨綠江進入高麗王國，攻陷平壤。紅巾軍一度被高麗軍擊退到鴨綠江外，但於一三六一年再度入侵，攻陷高麗的王都開成。

恭愍王的反抗運動

妥懽貼睦爾汗最初的皇后答納失里可敦是將軍燕帖木兒的女兒，在父親死後，兄長唐其勢於一三三五年發動政變失敗，被伯顏殺害，皇后也因此遭到流放，於上都的民家被毒死。接下來的皇后伯顏忽都可敦是弘吉剌氏，但沒有子嗣。妥懽貼睦爾汗最寵愛的是高麗貴族奇子敖的女兒。伯顏反對立奇氏為皇后，但等到伯顏於一三四〇年被脫脫流放之後，奇氏獲得了第二皇后的地位。奇皇后所生的皇子愛猷識理達臘於一三五三年被立為皇太子。為此，奇皇后一族的高麗人無論在元朝或是在高麗本國，都擁有絕大的權勢，尤其是奇皇后的兄長伯顏不花（奇轍），他的權勢甚至壓過高麗的恭愍王伯顏帖木兒。

恭愍王於一三五六年突然發動政變，殺了伯顏不花和他的黨羽，同時派遣高麗軍攻下長久以來都是元朝領地的雙城（咸鏡南道的永興）。這時候，在雙城投降高麗軍的人當中，包括名為吾魯思不花（李子春）的女直人，他的兒子是李成桂（朝鮮的太祖王），當時二十二歲。高麗軍繼續向北前進，睽違九十九年，從蒙古手中奪回咸興、洪原、北青。高麗軍的另一支部隊渡鴨綠江，攻擊通往遼陽、瀋陽的交通路。

從母方繼承成吉思汗血統的恭愍王，發動對蒙古的反抗運動是為了保護自身，避免奇氏一族的壓迫而不得不採取的行動。在恭愍王成功打倒高麗國內的反對派之後，他立刻與妥懽貼睦爾汗和解。然而，奇皇后絕不原諒恭愍王，一三六四年，立高麗忠宣王益知禮普花的庶子德興君塔思帖木兒為高麗國王，並派遣遼陽和瀋陽的高麗人部隊送他回高麗，企圖打倒恭愍王。德興君的軍隊雖然渡過鴨綠江，但在清川江被高麗本國軍隊擊潰，打倒恭愍王的計畫失敗。這時，李成桂加入高麗本國軍隊，奮勇作戰。

明軍的大都入城

面對紅巾軍的進攻，元朝宮廷唯一可以依靠的是河南察罕帖木兒家的軍隊。察罕帖木兒是回鶻人，自曾祖父以來，一家一直定居在河南。察罕帖木兒在一三五二年紅巾軍入侵河南的時候，為了保衛家鄉而結成義勇軍，開始行動。察罕帖木兒陸續擊敗山東、山西、河南、陝西的紅巾軍，終於在一三五九年奪回紅巾的首都汴梁，破壞了紅巾政權。

察罕帖木兒於一三六二年，在掃蕩山東殘敵的時候被殺，改由他的外甥，同時也是養子的擴廓帖木兒（王保保）率領河南軍閥。這時在元朝的宮廷，皇太子愛猷識理達臘一派持續與反對勢力抗爭。皇太子以擴廓帖木兒為後盾，而反皇太子派則與山西大同盆地的軍閥孛羅帖木兒聯手。於是，大同軍閥與河南軍閥之間針對山西的歸屬問題不斷地發生戰爭，妥懽貼睦爾汗介入調停也不見成效。結果在一三六四年，事情演變成孛羅帖木兒的軍隊占領大都，皇太子出奔太原，尋求擴廓帖木兒保護的最糟糕的情況。翌一三六五年，孛羅帖木兒被擴廓帖木兒所滅，皇太子才好不容易返回宮廷。

就在北方元朝內部相互針鋒相對，消耗軍事力量的時候，南方紅巾一派的朱元璋以南京為根據地擴大勢力。一三六六年朱元璋接收韓林兒，卻又將他丟入長江殺害。一三六七年，朱元璋命令麾下的軍隊，終於開始向北方展開總攻擊。翌一三六八年一月二十三日，朱元璋在南京舉行即位大典成為皇帝，定國號為大明（明太祖洪武帝）。「大明皇帝」的稱號是相對於韓林兒的「小明王」，而「大明」又代表太陽。這就是明朝的建國。

同年九月七日，明軍逼近大都，妥懽貼睦爾汗在半夜打開大都城北壁的建德門出奔，經由居庸關逃往蒙古高原避難。十四日，明軍進入大都。

就這樣，忽必烈家失去中國的領土，中國史的第三期元朝時代結束，不過元朝並沒有就此滅亡。妥懽貼睦爾汗最初將宮廷設在上都，翌年，上都也被攻陷，於是又遷到更北邊的應昌府。一三七〇年五月二十三日，妥懽貼睦爾汗死在應昌府，由皇太子愛猷識理達臘繼承汗位（北元昭宗必里克圖汗）。明朝後來追贈妥懽貼睦爾汗「順皇帝」的死後稱號。之後約二百七十年間，元朝續存於蒙古高原，史書稱之為北元。

六、明朝

只有虛名的皇帝

元世祖忽必烈薛禪汗開創從北蒙古至南海的大帝國，直到元朝君臨中國的最後一個皇帝惠宗妥懽貼睦爾（順帝）的治世為止，帝國組織架構發展完成，其政治和經濟制度由一三六八年取代元朝統治中國的明朝繼承。

明太祖洪武帝（一三六八—一三九八年在位）是從社會最底層的貧民，

而且是乞丐開始起步，在白蓮教祕密結社的內部慢慢往上爬，終於在四十一歲的時候當上皇帝。他雖然當上皇帝，但剛即位的洪武帝並不能隨心所欲。洪武帝原本是白蓮教徒郭子興組的組員，就算在他占領南京開創專屬的政權之後，洪武帝身邊的親信依舊是出身同一組的兄弟。雖說是皇帝與臣下，但實際上地位沒有太大區別，大家都還是普通「你」與「我」的關係。

當時，洪武帝身邊最有實力的是名為李善長的人物，他比洪武帝年長十四歲，原本並非洪武帝的直屬，而是同為郭子興的手下。因此，對於洪武帝而言，李善長就好像是他的兄長一樣，完全無法任意下命令，是需要客氣對待的對象。

李善長成為了洪武帝的中書左丞相（相當於現在的首相）。此外其他的高級官員一開始也都不是洪武帝的手下，而是郭子興的手下。

在這樣的背景之下，在洪武帝剛即位的十幾年間，掌握軍政大都督府（參謀本部）的是紅巾的軍人們，中書省（內閣）則是在與其連成一氣的李善長、汪廣洋、胡惟庸等人之下，由郭子興組員們占據，洪武帝只有皇帝的虛名，很少有大展身手的餘地。洪武帝為了將來的獨裁布局，立他的兒子們為王，透過兒子們培養皇帝個人的軍隊。

洪武帝封年長的三個兒子為秦王、晉王、燕王，分別賜予西安、太原、北京的領地，並在當地以護衛的名目，設立專屬軍隊。其他年幼的兒子也被封為王。然而，由於所有人都還太年幼，因此沒有前往領地，而住在洪武帝的故鄉鳳陽縣（安徽省）。

洪武帝（朱元璋）

胡惟庸案

一三七八年，等到諸王皆成長至二十幾歲的時候，洪武帝終於展開行動。秦王和晉王首度前往自己的封地，翌年，各自率領護衛軍回到南京。前往征討青海省的養子沐英也率領大軍凱旋回到南京。就這樣，不屬於紅巾軍系統的洪武帝直系軍隊皆集結在南京。

同年末，洪武帝突然罷免中書右丞相汪廣洋，流放海南島。途中勅使追了上來，斬了汪廣洋的腦袋。

翌一三八〇年初，中書左丞相胡惟庸也以謀反的罪名遭到逮捕，立刻被處死刑。由皇太子指揮的皇帝軍在南京城內襲擊紅巾軍體系的軍隊，虐殺一萬五千人。這起事件稱作「胡惟庸案」。

與紅巾軍不同，集結在南京的皇子們的直系軍隊和養子沐英率領的軍隊只效忠於洪武帝。洪武帝利用這些軍隊，全面鎮壓過去曾與他是同志的紅巾軍。

洪武帝在胡惟庸案後廢止了至今為止屬於行政和軍事最高中央機構的中書省與大都督府。

中書省共有六「部」，分別是吏部、戶部、禮部、兵部、刑部、工部。六部自唐朝以來就一直存在，吏部相當於銓敘部、戶部相當於財政部、禮部相當於外交部、兵部相當於國防部、刑部相當於法務部、工部則相當於交通部。洪武帝廢除中書省，讓六部直屬皇帝。換句話說，皇帝兼任了首相。

洪武帝又廢除相當於參謀本部的大都督府，分成前軍都督府、後軍都督府、左軍都督府、右軍都督府、中軍都督府的五大司令部。也就是說，皇帝亦兼任參謀總長。

另外，洪武帝也一度廢除屬於行政監察機關的御史台，但之後改名為都察院復活。然而，都察院的長官不只一人，而是左都御史和右都御史二人。

皇帝又兼任行政監察院的長官。

如此一來，皇帝兼任所有最高政府機關的長官。在「胡惟庸案」的推波助瀾之下，首度實現權力的集中。

繼承元朝地方軍的「軍戶」

洪武帝實施的明朝地方制度具有明顯的特色。

洪武帝在一三六八年即位後，立刻開始實行新的軍隊編制。這被稱作「衛所制度」，將人民分為「軍戶」和「民戶」，分開登錄戶籍。被指定為「軍戶」的人家世世代代都是職業軍人。由軍戶構成的都市稱作「衛」，相當於民戶的「縣」。「衛」的規定人數是兵士五千六百人，司令官稱作「指揮」。一個「衛」之下設有五個「千戶所」，規定人數各是兵士一千一百二十人，指揮官稱作「千戶」（千人隊長）。一個「千戶所」設有十個「百戶所」，規定人數各是兵士一百一十二人，其指揮官稱作「百戶」（百人隊長）。在此之下任命擔任下士官的「總旗」（五十人隊長）二人，「小旗」（十人隊長）十人。這種十進位法的組織與蒙古帝國軍事制度的「圖們」（萬人隊）、「敏罕」（千人隊）、「札溫」（百人隊）、「阿兒班」（十人隊）相同。

胡惟庸案後的一三八一年，洪武帝全面實施全國的戶口調查，編纂了名為「黃冊」的戶籍。登錄在這個戶籍當中的是一般人民，也就是「民戶」。在由民戶構成的「縣」之下，設置相當於百戶所的「里」，一個里的規定戶數是一百一十戶，代表者稱作「里長」。「里」之下設置十個「甲」，各個甲的代表稱作「甲首」，一個甲的規定戶數是十戶。這就是「里甲制度」。

像這樣軍戶和民戶的分開編制，是延續蒙古帝國分開遊牧民和定居民的雙重組織架構。實際上，明朝的軍戶似乎是元朝時代的非漢人的子孫。東京駒込的國會圖書館支部——東洋文庫中收藏明代世襲將校的名冊，這本名冊稱作「選簿」，從中可以發現，明代初期的將校們都擁有蒙古式的名字。也就是說，明朝繼承元朝時候駐紮在地方的軍隊，這是軍戶的起源。

十進位法的命令系統的組織是自匈奴以來的北亞遊牧帝國的傳統，但在明朝的時候首度在中國內地實施。從這一件事可以明顯看出，明朝的制度不是復興漢人的傳統，而是繼承蒙古帝國的傳統。

官僚派勢力的強大

汪廣洋和胡惟庸遭到肅清之後，官僚派的勢力取代紅巾派在宮廷掌權，但洪武帝依舊非常重視李善長。

在胡惟庸案的時候，反紅巾派的群臣主張調查李善長，但洪武帝袒護他，如此說道：

「朕初起兵時，李善長來謁軍門曰：『有天有日矣。』是時朕年二十七，善長年四十一。所言多合吾意，遂命掌書記，贊計劃。功成，爵以上公，以女與其子……吾初起時股肱心膂，吾不忍罪之，其勿問。」

之後到了一三九〇年，洪武帝宮廷內反紅巾軍的官僚們認為李善長包庇元朝遺臣，於是猛烈彈劾他。已經六十三歲的老皇帝召見七十七歲的李善長，兩人暢談過去，流著淚向群臣乞求看在自己的面子上赦免李善長。然而群臣不為所動。李善長哭倒，向洪武帝告假，回到府邸後自盡。四位功臣受到連坐，被判處死刑。也就是說，諸王和官僚的勢力已經壯大到連洪武帝本身都無法對抗。

於是，洪武帝脫離紅巾和白蓮教的政策成功，明朝的中國統治也看似安定。然而不久之後就發生了一件大事。事情的開端是馬皇后所生的皇太子朱標於一三九二年三十九歲時即死去。皇太子是一個非常能幹的人，調停群臣之間的對立，協調紅巾派和官僚派，避免對立加深。這樣能幹的皇太子死去，對於年老多病的洪武帝來說，就好像是失去自己的手足一般地悲傷，身體因此更加衰弱。在雲南省駐守地聽到這個消息的養子沐英也因悲傷過度而猝死。洪武帝過去的紅巾同志，也察覺到自己已經陷入絕境。

永樂帝遷都北京

很快地在翌一三九三年，發生了藍玉的謀反案。藍玉是一三五五年在和州加入郭子興組的舊組員常遇春妻子的弟弟，紅臉、身材魁武，是個勇敢且具有謀略的優秀將軍。他因為密謀對洪武帝發動政變而遭到逮捕。然而，這個事件很明顯是諸王派和官僚派的栽贓嫁禍。藍玉一家全被處死，因連坐受到牽連而被處死的人多達一萬五千人。出身紅巾軍的功臣、大官、小吏、兵士，幾乎全部被殺，白蓮教的身影完全消失在社會表層。但是，再度轉入地下的白蓮教組織持續扎根，終於在明末的十七世紀，發動叛亂。

在紅巾派全數遭到排除之後，至今為止聯手的諸王派和官僚派也分裂了。這在死去的皇太子的同母弟秦王和晉王還在世的時候還沒有那麼嚴重，但秦

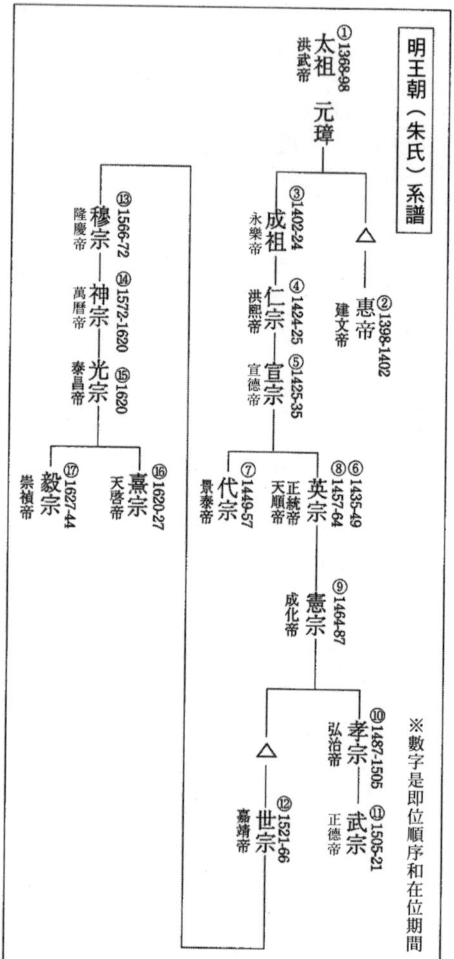

王於一三九五年死去，晉王於一三九八年死去。如此一來，燕王朱棣成為了諸王之首。燕王的母親不是馬皇后，而是碽妃。由於生母不同，因此燕王與官僚派擁護的皇太孫朱允炆並不親近。勢必官僚派和燕王的關係會愈來愈緊張。

在晉王死後僅二個月，明太祖洪武帝死去，享年七十一歲。已故皇太子的二十二歲次子皇太孫朱允炆在南京登基，是為建文帝（一三九八－一四〇二年在位）。

翌年的一三九九年，燕王朱棣在北京叛亂，與南京的建文帝宮廷開戰。就這樣開啟了為期四年的「靖難之變」。最終於一四〇二年，燕王軍攻陷南京，建文帝行蹤不明。燕王於南京即位，是為明太宗（成祖）永樂帝（一四〇二—一四二四年在位）。永樂帝將明朝的首都從南京遷到自己的根據地北京，一四二〇年正式宣布以北京為首都。

七、北虜南倭

企圖收復失地的元朝勢力和朝鮮建國

另一方面，退回北邊蒙古高原的元朝依舊強大，企圖收復失地。一三七二年，明朝大將軍徐達率領十五萬大軍橫越戈壁沙漠，直搗喀喇昆侖。然而，蒙古軍奮力抵抗，明軍損失一萬人以上，作戰最終失敗。這個敗戰使得洪武帝開創合併蒙古高原和中國的世界帝國的夢碎了。

如果看當時的元朝和明朝的勢力分布地圖，華北、華中、華南在明朝的統治之下，但雲南則是由元朝統治。雲南省自十三世紀末開始，一直都是以擁有梁王稱號的忽必烈家皇族的領地，世世代代治理的王國。除了雲南省之外，元朝在青海省也擁有極大的勢力。在滿洲也有札剌亦兒部族的納哈出國王，屬於蒙古貴族的王家。另外，朝鮮半島的高麗國王家族也與元朝是姻親。

一三七八年，洪武帝派遣養子平西將軍沐英征討青海省。沐英征服青海省的蒙古人和藏人，於一三七九年凱旋回到南京。

一三八一年，征南江軍傅友德和沐英等人率領的三十萬大軍遠征雲南省，元朝的皇族梁王把匝剌瓦爾密兵敗自殺。至今為止不屬於中國領土的雲南省在這個時候被明朝征服，首度被視為是中國的一部分。沐英在征服後也繼續留在雲南，他的子孫直到明朝滅亡為止，都一直駐守雲南省，是實質上的雲南王。

一三八七年，洪武帝向滿洲派遣明軍二十萬，征服由納哈出率領的元軍，納哈出投降了明軍。因此，蒙古高原的北元和朝鮮半島的高麗王國之間的聯絡也遭到斷絕。

高麗的恭愍王於一三七四年遭到暗殺，養子王禑（牟尼奴）繼位。一三八八年，明軍進攻蒙古高原深處，北元的脫古思帖木兒汗在逃走的途中被叛軍殺害，洪武帝從高麗手中奪走原本屬於元領地的咸鏡道，並通告高麗。

對此反彈的高麗王為了援助北元，再次下令高麗軍進攻滿洲。

然而，當高麗軍抵達鴨綠江邊的時候，副司令官李成桂與另一名副司令官曹敏修共謀抗令，改為進攻王都開城，廢黜高麗王。四年後的一三九二年，李成桂終於自己登上高麗國王之位，並向明洪武帝報告。洪武帝則回覆：「速報告國號如何改。」高麗於是準備了「朝鮮」和「和寧」兩個國號，奏請洪武帝裁定。洪武帝選擇了與過去被西漢武帝所滅的王國相同的名字「朝鮮」。高麗王國於翌一三九三年起改國號為朝鮮王國，這就是朝鮮的建國。朝鮮半島從此脫離蒙古帝國獨立。

爆發土木堡之變

永樂帝定都北京之後的明朝就好像是蒙古人元朝的復興。在元朝的時代，華北的河北省、山西省、山東省、河南省、陝西省有許多蒙古人和從中亞而來的伊斯蘭教徒、基督教徒、猶太教徒定居，北京是他們的中心。就算到了現在，北京周邊和山東省依舊留有許多伊斯蘭教徒的殖民地。如此，非漢人色彩濃厚的華北是永樂帝的地盤，永樂帝的後宮也有許多非漢人的后妃和宦官。「三保太監七下西洋」的故事中有名的印度洋遠征艦隊司令官鄭和也是伊斯蘭教徒的宦官。

永樂帝本身非常憧憬蒙古帝國的大汗地位，曾五次親率大軍遠征蒙古，企圖征服北元，讓蒙古人承認自己是正統的可汗。五次遠征當中有三次橫跨戈壁沙漠，抵達現在的蒙古國，但最終無法讓蒙古人屈服，在一四二四年最後一次的遠征途中，病死在蒙古高原。

明朝時代的北方防禦是交給俗稱九邊鎮的重鎮把守。九邊鎮包括遼東鎮、薊州鎮、宣府鎮、大同鎮、山西鎮、延綏鎮、寧夏鎮、固原鎮、甘肅鎮，明朝將大軍集中在這些地方鎮守邊境。永樂帝（一四〇二－一四二四年在位）和他的兒子洪熙帝（一四二四－一四二五年在位）、孫子宣德帝（一四二五－一四三五年在位）三代，皇帝的威嚴還在，沒有必要對九邊鎮進行懷柔。但到了宣德帝的兒子正統帝（一四三五－一四四九年在位）的時候，九邊鎮的情勢可左右內政，皇帝為了確保自己的地位，於是對九邊鎮下重賞，努力獲得他們的歡心。最終的結果就是爆發了「土木堡之變」。

這時在蒙古高原上，霸權握在瓦剌部族的也先太師手裡，與肯特山脈以東的蒙古岱總汗一起，不時兵擾明朝邊境。一四四九年，也先太師的瓦剌軍與蒙古軍聯手，兵分四路同時進攻明領土。也先太師親率的主要軍隊，負責進攻山西的大同。

當時的明朝正統帝只有二十二歲，年輕氣盛但處事魯莽。當時在宮廷裡最有權勢的是宦官王振，對於名譽的執著接近病態，煽動皇帝對瓦剌表現出不必要的好戰態度。成為明和瓦剌決裂的直接原因是，瓦剌使節團的人數問題。正統帝嚴格限制多達三千人的使節團人數，並且大幅削減給瓦剌的贈禮總額。這種挑釁的態度，激怒了也先。

接獲瓦剌入侵消息的正統帝和王振立刻決定親征，於八月五日，率領五十萬大軍從北京出發。皇帝親率的明軍出居庸關，經由宣府，於十月九日抵達大同。正好是也先的軍隊經過一番掠奪剛離開的時候，王振對戰火帶來的悲慘景象感到震驚，在恐懼的驅使之下返回北京，於二十八日抵達宣府。

然而，危險也追了上來。正當幾萬輛牛車隊載著皇帝和宦官的日用品緩慢前進時，察覺皇帝所在的也先騎兵部隊全速追趕。九月四日，準備從宣府出發的皇帝軍隊的殿軍受到瓦剌軍的攻擊，四萬人戰死。翌五日，抵達宣府東方土木堡的皇帝軍被兩萬人的瓦剌軍包圍動彈不得，六日遭到總攻擊，數十萬人戰死，明軍全軍覆沒。包括王振在內，所有從軍的大官和大將們都死了，而正統帝遭到俘虜。這就是「土木堡之變」。

明朝的長城建設

也先太師打算利用正統帝做有利條件的交換，但北京立正統帝的弟弟景泰帝（一四四九－一四五七年）為新的皇帝，不打算迎回正統帝，和議也一直無法達成共識。失去耐心的也先太師在同一年秋天，再度入侵明朝領土，帶著正統帝包圍北京五日，但依舊沒有效果。結果，翌一四五〇年九月，也先無條件送還正統帝。

正統帝以太上皇的身分隱居南宮，一四五七年，武清侯石亨等人發動政變，廢除景泰帝，再度擁立正統帝，年號從景泰改為天順，是為天順帝（一四五七－一四六四年在位）。

在正統帝的時候，為了防止瓦剌軍入侵而修建內長城，到了成化帝（一四六四－一四八七年在位）的時候，沿著河套的南緣興建長城。經過弘治帝（一四八七－一五〇五年在位）、正德帝（一五〇五－一五二一年在位），到了嘉靖帝（一五二一－一五六六年在位）之際，為了防止蒙古的俺答汗入侵，長城的東方一帶經過修築，終於成為現在所見的雄偉長城。

明朝從一開始就與北元對立，經過世代反覆地交戰，至隆慶帝

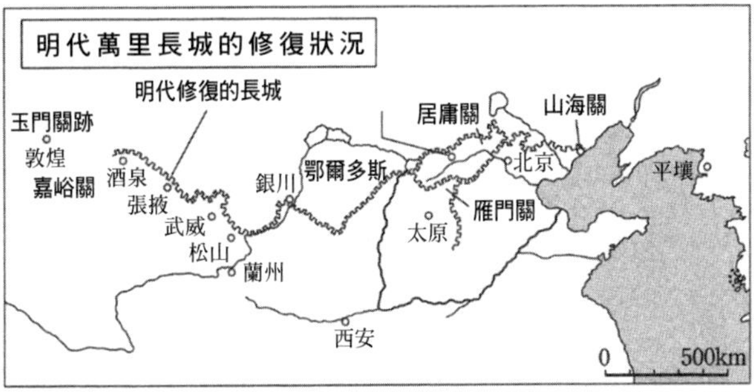

十五世紀初永樂帝時代修復河北、山西的北邊，十五世紀中修復內長城，十五世紀後半修復鄂爾多斯南緣，十六世紀中修復東方一帶，成為今日長城的規模。西方的長城是十五世紀末至十六世紀初修建，蘭州北方是十六世紀末修建。

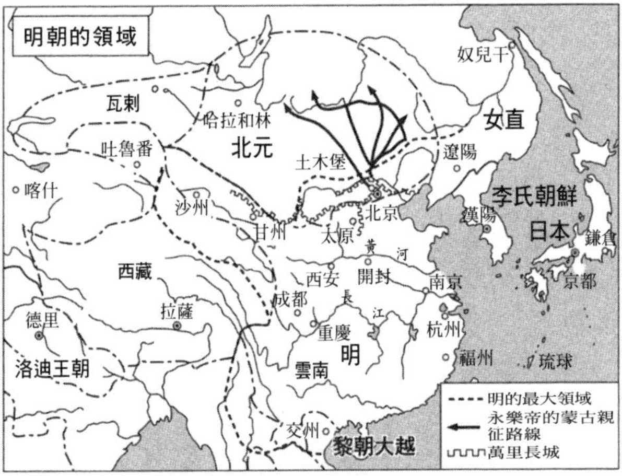

（一五六六—一五七二年在位）之時的一五七〇年，俺答汗的孫子把漢那吉向大同投降，達成和議。翌一五七一年，俺達汗被封為順義王，其他的首領也接受各自的封號，獲得獎賞。這個和議成功地大幅削減明朝的國防費用，國境貿易也因此繁榮。

倭寇和秀吉進攻朝鮮

萬曆帝（一五七二—一六二〇年在位）期間的一五九二年，豐臣秀吉的日本軍突然入侵朝鮮國，前後七年擾亂朝鮮國全境（文祿、慶長之役）。日本軍在一五九八年豐臣秀吉死後隨即撤退，但前往救援朝鮮的遼東鎮的明軍，卻不斷地對朝鮮人施以暴行，朝鮮全國荒廢。

日本自七世紀建國以來，無論是對朝鮮半島或是中國都採取鎖國政策，連派出遣隋使或遣唐使的時候也不帶國書，完全沒有正式的交涉。經過蒙古於一二七四年（文永之役）和一二八一年（弘安之役）發動的二次戰爭，一三五〇年春天，日本海盜（前期倭寇）襲擊朝鮮半島，從這次之後，朝鮮半島反覆經歷猛烈的災禍，直到在一三九二年朝鮮太祖王（李成桂）革命和同時間的足利義滿統一日本之後，終於回歸安定。

一五一一年，葡萄牙人占領麻六甲蘇丹王國，前進東亞。終於在一五一七年，葡萄牙船出現在廣州港，要求與明朝通商。明朝拒絕，但葡萄牙船在浙江省的雙嶼和福建省的月港等地，和中國人一起進行走私貿易。

一五四七年，明嘉靖帝任命右副都御史朱紈為浙江巡撫，取締走私貿易。朱紈於翌年進攻雙嶼得勝，關閉港口，但也因此得罪了仰賴走私收入的官僚和地方紳士，結果在一五四九年，朱紈自殺。

之後成為日本海盜（後期倭寇）首領的是王直。王直原本是鹽商，一五五二年襲擊江蘇省和浙江省沿海，造成極大損失。雖然稱之為倭寇，但其實主體是中國人，僅有少數日本人。王直以日本長崎縣五島列島的平戶為根據地，騷擾中國的東南部沿岸。明嘉靖帝起用兵部右侍郎胡宗憲討伐王直，此舉奏效，一五五七年王直投降，一五五九年被殺。之後，僉浙江都司、參將戚繼光在一五六三年擊敗福建省平海衛（莆田縣）的海盜，自此之後海盜作亂的情況終於趨緩。中國將前述明朝對蒙古的攻擊，稱為代表北方蠻人之意的「北虜」，入侵東南沿岸的倭寇則稱為「南倭」。後來在一五九二年，豐臣秀吉的日本軍隊入侵朝鮮。

八、滿洲的興起

另一方面在北元，與忽必烈家對抗的遊牧聯盟瓦剌，長期掌握蒙古高原的實權。一四八七年，代表「大元皇帝」的達延汗（一四八七—一五二四年在位）即位後，集合在他手下的遊牧民成為了新的蒙古人。達延汗將手下的遊牧部族重新編成「萬人隊」（圖們），分成戈壁沙漠東北的「左翼」和戈壁沙漠西南的「右翼」，分別讓十一個兒子入贅這些大部族。兒子們與大部族的女兒結婚所生下的子孫，成為該部族的新領主。

左翼的察哈爾部在蒙古各部當中擁有宗主的地位，同屬左翼的喀爾喀部則向現在蒙古國的領土擴張。右翼的鄂爾多斯部與祭祀成吉思汗靈的八白室聯手，移居黃河的灣曲部。達延汗的子孫不斷地增加，右翼的土默特部首領俺達汗將本家察哈爾部的大汗趕到東方，用自己的實力成為蒙古的第二大汗。他於一五七一年與明朝的隆慶帝締結和平條約，利用馬市交易累積財富，一五七八年，在青海會見西藏第一高僧的格魯派哲蚌寺座主索南嘉措，獲贈達賴喇嘛的稱號。

明朝經濟與努爾哈赤的勢力

接著，在北元宗家的察哈爾部族，一六〇三年時林丹庫圖克圖汗即位。這個時候在遼河的東方，女直的努爾哈赤（後來的清太祖皇帝。一六一六－一六二六年在位），勢力已經愈來愈強大。努爾哈赤出身女直人的建州部族。

女直人於十二世紀建立金帝國，十三世紀被蒙古帝國消滅，但金國後裔的女直人回到故鄉的滿洲北部生存下來，明朝的時候被稱作海西女直。現在的黑龍江省哈爾濱市附近是過去海西女直的中心地，由於哈爾濱市對岸有一條向北流入松花江的呼蘭河，因此滿洲語稱海西女直為「扈倫」。

另外同樣在黑龍江，更往東邊、以依蘭縣周圍為中心也有一支女直人的部族，明朝稱之為建州女直，滿洲語稱作「滿洲」。這就是「滿洲」的語源。

努爾哈赤於一五五九年，出生在現遼寧省東端、接近朝鮮國境的建州女直之地，十歲時母親過世。由於他與繼母不合，於是在十九歲時離家，入贅佟氏。努爾哈赤就是從這樣不起眼的出身開始，最終整合女直人的各個部族。

努爾哈赤之所以能夠快速竄起、形成強大的勢力，主要是受惠於當時明朝的經濟高度成長。

在明朝之前的元朝，為了支付遠距離貿易的貨款，需要輕便的通貨。元世祖忽必烈薛禪汗於一二六〇年發行名為「中統元寶交鈔」的紙幣，維持了一陣子的穩定。然而，一二七六年平定南宋之後，中統鈔的發行額突然暴增，銀準備不足導致通貨膨脹，因此一二八七年時發行了新的「至元通行寶鈔」，同時禁止兌換金和銀。之後，世界第一個法定貨幣穩定流通，但到了武宗海山曲律汗即位後，轉而採取放任政策，釋放出鉅額的紙幣，再度導致通貨膨脹。作為解決的對策，一三〇九年發行「至大銀鈔」。然而此舉並不見效，不得已僅恢復發行中統鈔和至元鈔。至於明朝的財政，初期洪武帝的「大明寶鈔」是學習元朝所發行的法定貨幣，因而在永樂帝末期的時候失去信用，價值暴跌，再也回不到過去元朝時的好景氣。

不過，到了隆慶帝末期的一五七一年，從墨西哥渡太平洋而來的西班牙人在菲律賓建設馬尼拉市，墨西哥產的銀從此開始大量流入中國，中國也因此掀起了前所未有的消費熱潮。這個明朝經濟的高度成長，成為了國際關係大幅變化的原因。

其結果，女直人居住的森林地帶出產的高麗人參和毛皮的需求量大增，讓一五七一年當時十三歲的努爾哈赤也具有累積財富的能力。

明朝拖延戰爭的內情

努爾哈赤與遼河三角洲的明軍司令官勾結，上繳部分所得交換保護。然而，這個司令官於一六〇八年失勢，風向因此改變，明的政策開始對努爾哈赤不利。努爾哈赤於一六一六年五十八歲時即汗位，定國號為後金汗國而獨立，滿洲語稱為「Amaga Aisin Gurun」，終於在一六二一年正式與明宣戰，占領遼河三角洲的明朝飛地，將這個地區屬於高麗人子孫的中國人納入統治之下。於一六二五年，興建首都瀋陽（遼寧省瀋陽市）。

即便如此，努爾哈赤真正的意圖在於與明朝皇帝對話，讓明朝承認自己是獨立國君主的地位，重啟和平的貿易關係。然而，明朝廷主戰論的聲音高漲，主張明帝國應該盡全力粉粹這個狂妄自大的東北夷狄。

無論是在中國的哪一個時代，在中國擁有最多錢的人就是皇帝，戰爭和外交等臨時費用都是由皇帝的口袋出錢。站在朝廷大臣們的立場，戰爭的時候可以要求皇帝拿出軍費，如果戰事告捷，主戰的大臣們還可以獲得賞賜，前線的將軍們也可以升官。戰爭如果持續著可以讓許多人得到好處。正因為有這樣的內情，明朝遲遲不肯講和。

一六二〇年，明萬曆帝死去。皇太子常洛繼位，但一個月後就死了，這是泰昌帝。之後由他的皇太子由校繼位，是為天啟帝（一六二〇—一六二七年在位）。

在這段期間內，戰爭也緩慢地持續進行著，結果努爾哈赤於一六二六年死去，享年六十八歲。努爾哈赤的第八子皇太極（清太宗崇德帝，一六二六—一六四三年在位）即位，當時三十五歲，成為後金汗國的第二任大汗。

皇太極改變戰略

在明朝方面，一六二七年天啟帝死去，由他的弟弟信王由檢繼位，也就是崇禎帝（一六二七—一六四四年在位）。

在後金方面，由於父親努爾哈赤在山海關與明軍的對峙一直沒有結果，皇太極於是改變戰略，轉向西方的蒙古高原威嚇明朝。當時，從後金首都瀋陽往西渡遼河，在今日內蒙古自治區赤峰市附近遊牧的是北元宗主林丹庫圖克圖汗的察哈爾部族。受到皇太極的後金軍攻擊，一六二八年，林丹汗開始越過大興安嶺山脈向西方移動，擊敗戈壁沙漠南邊的喀喇沁汗家和土默特汗家，鄂爾多斯晉王家也投降。由於當時戈壁沙漠北邊喀爾喀族最強大的卻圖皇太子也助林丹汗一臂之力，察哈爾汗家的勢力一度席捲蒙古高原。

然而，林丹汗的霸業沒有維持很長的時間。一六三四年，林丹汗出發遠征西藏，準備進入青海的時候，途中病死於甘肅武威的草原。如此一來，蒙古高原的權力陷入真空狀態，皇太極的軍隊從東方入侵，壓制戈壁沙漠南邊。

林丹汗的兒子額哲和母親蘇泰太后一起投降後金，一六三五年被帶到瀋陽的皇太極面前。皇太極禮遇額哲，把自己的次女馬喀塔格格嫁給他，並賜他親王的爵位，和手下的察哈爾部族一起居住在遼河上游的牧地。

從女直到滿洲

這時，後金的將軍們從蘇泰太后手中得到刻有「制誥之寶」四字的一枚玉璽。根據說明，這是過去歷代皇帝使用的玉璽，蒙古的元朝得到之後也持續使用，妥懽貼睦爾汗失去中國、逃出大都的時候，也帶著這一枚玉璽。然而，妥懽貼睦爾汗在應昌府死去之後，玉璽就下落不明。經過二百多年，有一個蒙古人在崖下照顧家畜的時候，見一頭山羊三天不吃草，只是一直挖地。那人挖開山羊挖的位置之後就發現了玉璽。從那之後，玉璽一直由土默特的博碩克圖汗持有。博碩克圖汗被同樣是元朝後裔的察哈爾部族林丹汗消滅後，玉璽也落入林丹汗手中。因此玉璽才會由林丹汗的遺孀蘇泰太后所持有。

皇太極得到元朝歷代大汗使用的玉璽，認為這是成吉思汗所受的天命現在轉移到自己身上的象徵，於是便在同年禁止女直的種族名稱，統一稱呼為「滿洲」。接著翌一六三六年，在瀋陽召集滿洲人、戈壁沙漠南邊的蒙古人、遼河三角洲的高麗體系的中國人的代表們舉行會議，並且被選為這三個種族共同的皇帝，定新國號為「大清」（Daicing），年號「崇德」（Wesihun Erdemungge），也就是清太宗崇德帝。「大清」與「大元」相同，都是代表「天」的意思。這便是清的建國。

皇太極共有五位皇后，皆為蒙古人。其中三人出身科爾沁部族，剩下二人則是林丹汗的遺孀。一六四三年皇太極死後，繼位的是由科爾沁人皇后所生的福臨（清世祖順治帝，一六四三—一六六一年在位）。翌年，由於明朝滅亡，清朝於是從瀋陽進入北京。就這樣，滿洲人的清朝，取代成吉思汗的子孫統治中國。

第七章

大清帝國：

中國史的第三期後期

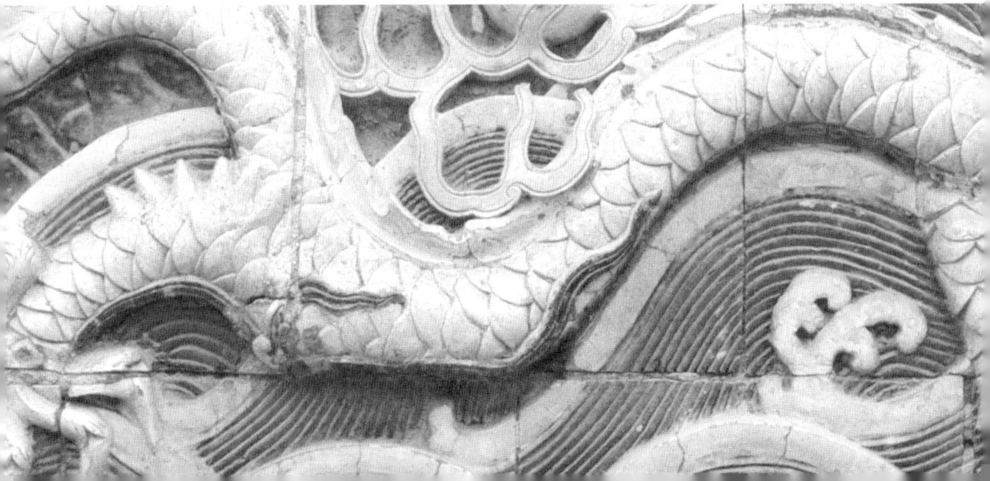

一、從明到清

明朝的自滅

明末崇禎帝的一六二八年，陝西發生大飢荒，飢民叛亂，以府谷縣（陝西省神木縣府谷鎮）的王嘉胤為首領。之後叛亂繼續擴大，高迎祥、張獻忠、馬守應、羅如才等成為他的部將。高迎祥是安塞（陝西省安塞縣）人，自稱闖王。王嘉胤於一六三一年被殺，但他的部下逃往山西，最終成為影響遍及山西省、河北省、河南省、陝西省、四川省、安徽省、湖北省等地的龐大勢力。陝西省米脂縣的李自成原本是驛卒，失業後成為高迎祥的部下。一六三六年，高迎祥被捕，送到北京斬首，李自成繼承為闖王。一六三八年，李自成在潼關被總督洪承疇擊敗，逃往河南省，在那裡潛伏著。一六四〇年末，李自成的勢力在河南省愈來愈大，一六四一年攻陷洛陽，殺了福王朱常洵，攻下開封後，於一六四三年南下，到達湖北省的襄陽（襄樊市），之後又回到陝西省，占領西安，改稱西京，定國號為大順。一六四四年初，李自成前進北京，經過山西省的太原、大同、宣府（河北省宣化）、居庸關，於四月二十三日進逼北京。二十四日，崇禎帝逃至宮廷後方萬歲山的壽皇亭，翌二十五日拂曉，自縊身亡。於是，明朝自朱元璋在南京即帝位以來，經過二百七十六年後滅亡。中國史的第三期前期到此結束，進入後期。

這時，明朝將軍吳三桂駐紮於山海關，負責防禦清軍。北京沒有了皇帝，自己被夾在反叛軍和清軍之間孤立無援，吳三桂於是遣使前往清朝的首都瀋陽，向過去的敵人滿洲人提出同盟的請求。

當時在清朝掌握實權的是努爾哈赤的第十四個兒子，也就是順治帝的叔父多爾衮，他是非常優秀的皇族，同時也是順治帝的監護人。多爾衮立刻接受吳三桂的提議，清舉全軍前進山海關。

占領北京的李自成率領二十萬大軍來到山海關，但不敵吳三桂軍和清軍的聯軍而大敗。李自成逃回北京，在紫禁城的宮殿即位稱帝後放火燒毀宮殿，滿載掠奪而來的金銀財寶逃離北京，前往西安。

多爾衮率領大軍進入北京。明朝廷的百官一致懇求多爾衮即帝位，多爾衮笑著說：

「我不是皇帝。真正的皇帝晚一點就來了。」

接著從瀋陽迎來順治帝，讓他坐上紫禁城的皇帝寶座。就這樣，清朝建國後八年明朝自己滅亡，中國的統治權轉移到了清朝的手裡。

清朝實權所及之範圍

順治帝坐上北京的皇帝寶座當時，中國的情勢依舊混亂。北京由滿洲人占領，但華中和華南各地依舊有許多明朝的殘黨，繼續抵抗清朝的統治。主

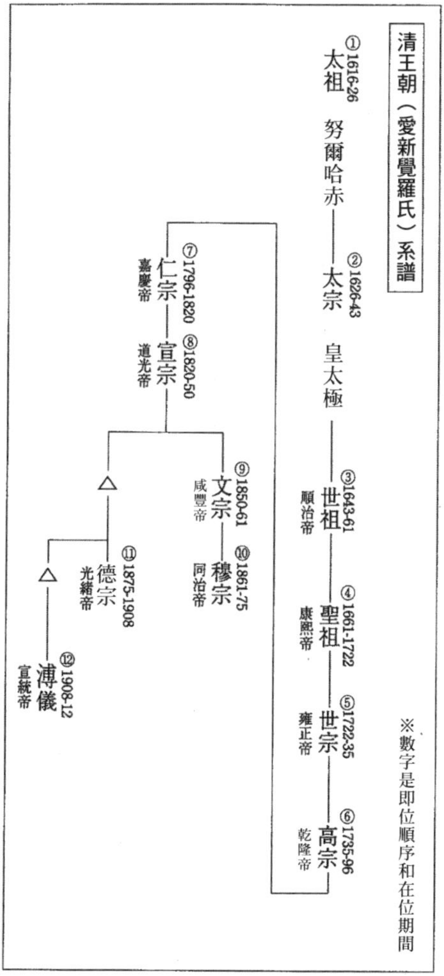

要是靠吳三桂等從明朝投降的漢人將軍平定這些勢力。

華南地區由三位漢人的將軍率領各自培養的軍隊駐紮。雲南省有平西王吳三桂、廣東省有平南王尚可喜、福建省有靖南王耿繼茂，稱為「三藩」。「藩」是屏障的意思，代表保護北京清朝皇帝的屏障。

這些漢人將軍在清朝剛入中國的時候，負責平定明朝的殘餘勢力，之後也負責防禦逃往台灣繼續與清朝抵抗的國姓爺鄭成功。換句話說，三藩幾乎屬於獨立的王國，清朝的實權僅限首都北京附近的地方。

然而，由於河北省原本就是明朝皇帝的直轄領地，進入北京後的清朝滿洲人各自分割莊園，占為私領。於是河北省成為了滿洲人的移住地。

北京原本有兩道城牆，中華人民共和國拆除所有城牆，改成寬闊的道路，其內側是原本的城內，大約從天壇公園以北稱作外城，北京中央車站以北稱作內城。內城的正中央是紫禁城，呈南北延伸。雖然現在已經看不到任何蛛絲馬跡，但紫禁城周圍原本有被稱為皇城的紅色城牆。紫禁城裡有皇帝一家居住的宮殿群，皇城則是侍奉皇帝的下人們居住的地方。現在中國共產黨高級幹部居住的中南海原本也是皇城的一部分。

滿洲人的部族組織「八旗」

北京的外城是漢人居住的區域。相對於此，北側的內城則是滿洲人的居住區域。內城的市街以紫禁城和皇城為中心分為東西兩邊，東西的市街又各分為四個區塊，每一個區塊各是滿洲人「八旗」的軍營。

所謂的八旗是滿洲人的部族組織，每個部族都有自己的軍旗。軍旗的顏色分別是黃色、白色、紅色、藍色四色，當中又分為有邊的軍旗（鑲）和沒有邊的軍旗（正），總共八種軍旗。部族的名稱就是以軍旗的顏色稱呼，八部族統稱八旗。幾乎只要是滿洲人，就隸屬於八旗的某一旗之下。除了滿洲人之外，已經滿洲化的蒙古人、漢人、朝鮮人、俄羅斯人等也被編入八旗之內，被視為是滿洲人。因此，滿洲人和被編入八旗的其他種族的人，統稱「旗人」。

八旗當中，三旗是清朝皇帝個人的領民，其他五旗則由不同的皇族帶領，就算是皇帝也不得干預其內政。這一點與蒙古等遊牧帝國的大汗和聯合部族的關係非常相似。

輔佐順治帝坐上北京皇帝寶座的功臣多爾袞於一六五〇年死去。已經十三歲的順治帝從翌年開始親自參與政務。由於出身皇族的監護人死去，之

非漢中心史觀的建構

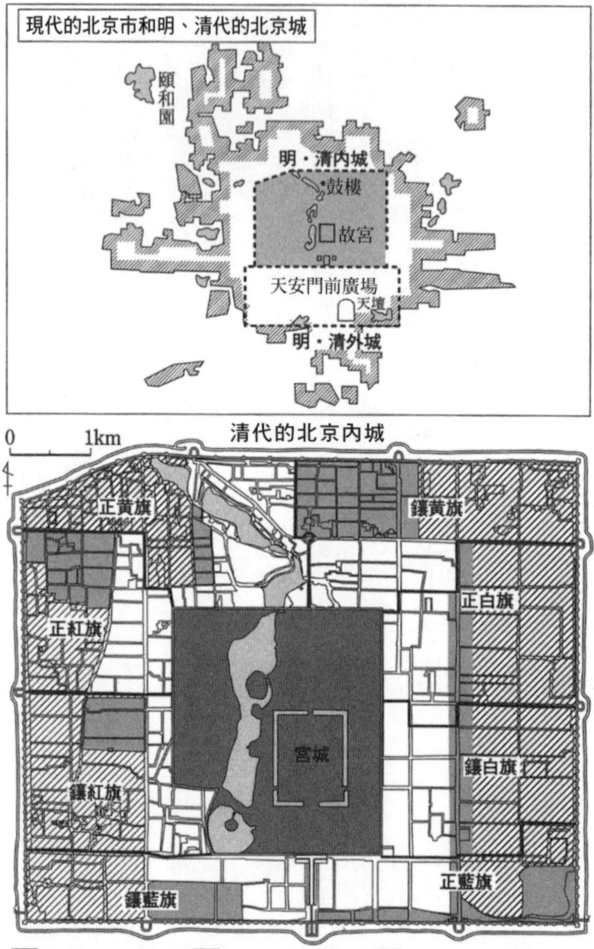

滿洲八旗的居住區域　蒙古八旗的居住區域　漢人八旗的居住區域

後由皇帝身邊的內大臣掌權。內大臣指的是打理宮中雜事的滿洲人貴族。

一六六一年，順治帝染上天花。臨終前把八歲的第三子玄燁叫到床前，指名他為皇太子，於二月五日死去，年僅二十四歲。

皇太子玄燁即位，是為清聖祖康熙帝（一六六一－一七二二年在位）。輔佐年幼康熙帝的是順治帝的四個心腹內大臣，分別是索尼、蘇克薩哈、遏必隆、鰲拜。

康熙帝的政變

即位當初，由於康熙帝尚且年幼，只需要在輔佐的內大臣決定的案件上簽名即可。四位內大臣與地方的有力人士，尤其是與三藩的漢人之王聯手，掌握巨大的權力。

一六六七年康熙帝十四歲時，索尼死去。蘇克薩哈被鰲拜逼迫上疏請求辭去輔政大臣一職，當中寫道：「乞守先帝陵寢，庶得保全餘生。」

康熙帝讀了之後覺得奇怪，說道：「何以必須守先帝陵寢，才能保全餘生？」

鰲拜趁機羅織說蘇克薩哈不願效忠康熙帝，找盡理由列了二十四項大罪，強行要求康熙帝將蘇克薩哈和其一族全數處死。康熙不肯，鰲拜捲起袖子，大聲斥責，康熙帝不得已只好在執行死刑的命令書上署名。結果，蘇克薩哈自己和七個兒子、一個孫子、二個外甥，以及同族二人皆被處死。

如此，皇帝的輔政大臣只剩下鰲拜和遏必隆二人。鰲拜大權獨攬，遏必隆只有附和的分。

康熙帝

康熙帝忍耐鰲拜的蠻橫，同時假裝對蒙古摔角有興趣，找來了許多力氣大的青年。一六六九年五月十四日鰲拜上朝時，康熙帝使了一個眼色，隨從們便蜂擁上前，綑綁鰲拜。康熙帝召集滿洲人貴族和百官，威風凜凜地發表演說。至今依舊保留著用滿洲語記下的演說內容。之後立刻公布鰲拜的三十項罪狀，鰲拜最終死在獄中，而遏必隆則遭到流放。

就這樣，十六歲的少年皇帝清除了綁手綁腳的內大臣，首度向天下宣告，自己是擁有獨立意志的主權者。

然而，這場政變成了導火線，四年後發生了名為「三藩之亂」的大規模叛亂。

確立中國整體的統治權

三藩也就是上述的平西王吳三桂、平南王尚可喜、靖南王耿繼茂，由於這時耿繼茂已死，由長子耿精忠掌權。

三藩原本與輔佐康熙帝的四位內大臣勾結，掌握權力，但康熙帝的政變一舉消滅四位內大臣，三藩失去了北京宮廷內的保護者，憂慮的心情可想而知。

三藩之亂的開端是一六七三年，廣東的尚可喜以與長子尚之信不合為由，奏請康熙帝准他回故鄉海州（遼寧省的海城縣）隱居。等這一天已經很久的康熙帝立刻批准。這時，雲南的吳三桂和福建的耿精忠在立場上也不得不提出隱居的請求。當然，他們期待的是康熙帝的慰留。然而，康熙帝坦然接受他們的請求，並命他們盡早撤退。

康熙帝出人意表的反應讓三藩陷入絕境，吳三桂和耿精忠在準備不足的情況下起兵造反。尚可喜雖然沒有加入反叛，但戰場在華南和華中，西北的陝西省也遭到波及。在這個情勢之下，滿洲人的大臣和將軍們束手無策，皇帝軍在各地都吃下敗仗。

剛滿二十歲的康熙帝在這樣困難的狀況之中卻發揮了天才戰略家的手腕，督促膽小的皇族將軍們，並啟用能幹的漢人指揮官，精準地分配兵力，確保戰線，將敵人擋在長江。首先平定陝西省的叛亂，接著降伏耿精忠，收回福建省。吳三桂見大勢不妙，乾脆在一六七八年於湖南省前線舉行即位儀式，自稱皇帝，但不久之後就死了。吳三桂的孫子吳世璠繼位，一六八一年清軍包圍昆明，吳世璠自殺，長達八年的內戰終於結束。

於是乎，康熙帝二十八歲時將中國全土納入統治。

二、清朝領土的擴大——蒙古

尼布楚條約

三藩之亂後，康熙帝開始著手處理懸而未決的俄羅斯人問題。在此之前，俄羅斯的哥薩克人葉爾馬克被沙皇伊凡四世宣判死刑，他逃到烏拉爾山中，在那裡聽到有關西伯利亞寶藏的傳說，於是計畫遠征。一五八一年，占領韃靼人的市鎮伊斯克爾。這個市鎮又名西比利，之後就出現西伯利亞這個名稱，位於現在的托博爾斯克附近。

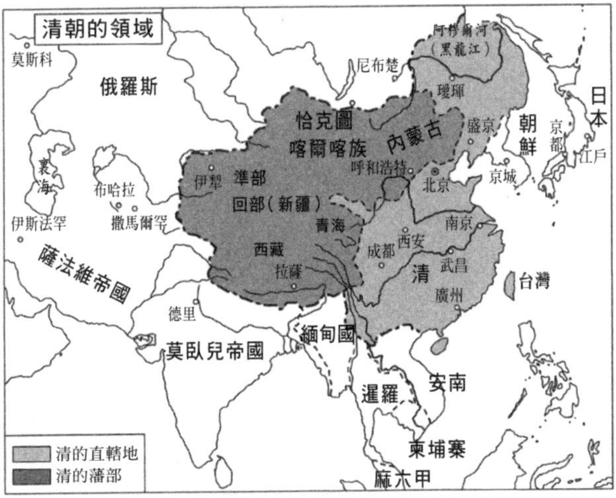
清朝的領域
莫斯科
俄羅斯
尼布楚
阿穆爾河
（黑龍江）
璦琿
日本
恰克圖
喀爾喀族
內蒙古
盛京
朝鮮
京都
江戶
裏海
布哈拉
伊犁
準部
呼和浩特
北京
京城
回部（新疆）
伊斯法罕
撒馬爾罕
青海
南京
西安
成都
西藏
武昌
清
台灣
拉薩
薩法維帝國
廣州
德里
緬甸國
莫臥兒帝國
暹羅
安南
柬埔寨
麻六甲
清的直轄地
清的藩部

葉爾馬克不久之後遭到韃靼人的反擊而被殺，但哥薩克人繼續順著西伯利亞的河川向東前進，一六四三年，清太宗崇德帝（皇太極）死去的那一年，已經前進到了阿穆爾河（黑龍江）。受到清軍的討伐後，雖然一度消失了蹤影，但到了康熙帝的時代，又再度出現在黑龍江。如果放置不管，那麼滿洲人的故鄉將受到俄羅斯的威脅。

一六八五年，康熙帝為了解決俄羅斯人的問題，從朝鮮徵召了鳥銃隊。朝鮮軍和清軍一同遠征黑龍江上游，攻陷了俄羅斯的前線基地阿爾巴津，現在這附近還留有阿爾巴津諾的地名。

康熙帝同時進行外交交涉，結果於一六八九年，與俄羅斯的沙皇彼得一世締結了尼布楚條約。尼布楚是鄰近黑龍江支流石勒喀河支流尼布楚河的城市，位於赤塔東方。

根據此一條約，外興安嶺以東是清朝的勢力範圍，以西是俄羅斯的勢力範圍，俄羅斯人被關在黑龍江主流的溪谷中。

衛拉特的噶爾丹

在阻止俄羅斯前進東方之後，康熙帝遇到了六十一年治世當中最大的事件，那就是與準噶爾的戰爭。

噶爾丹博碩克圖汗是衛拉特準噶爾部族的族長。衛拉特曾經在北亞和中亞建立龐大的遊牧帝國，但在十五世紀中的一四五四年，隨著也先汗被殺而崩壞。到了十六世紀，自從忽必烈家在蒙古高原復興以來，就一直受到蒙古人的攻擊，衛拉特人從蒙古高原不斷地被往西驅趕。

然而進入十七世紀之後，形勢逆轉。在此之前的衛拉特人一直都在蒙古喀爾喀部族的統治之下。喀爾喀是占現在蒙古國民大多數的部族。一六二三年，衛拉特的聯軍殺了統治自己的喀爾喀蒙古人的大汗，獨立成功。這個勝利讓衛拉特人再度擁有優勢。衛拉特的和碩特部族征服西藏和青海省；土爾扈特部族移居伏爾加河，對北高加索、烏克蘭、俄羅斯造成威脅；準噶爾部族則是以新疆維吾爾自治區的伊犁河溪谷為根據地，征服塔里木盆地說著突厥語的伊斯蘭教徒市鎮，以及哈薩克斯坦和吉爾吉斯。

噶爾丹是準噶爾部族長的兒子，出生於一六四四年。出生後不久就發現他其實是達賴喇嘛的宗派，也就是藏傳佛教格魯派溫薩寺的住持轉世。

之後，噶爾丹十三歲的時候留學西藏，最初在西藏日喀則的扎什倫布寺向一世班禪喇嘛學習，在高齡九十二歲的班禪喇嘛死後，前往西藏中央的拉薩，拜五世達賴喇嘛為師。達賴喇嘛是極有野心的政治家，他非常疼愛噶爾丹，同時又利用噶爾丹對抗康熙帝，希望在亞洲建立佛教的大帝國。

噶爾丹在留學西藏十年之後回到故鄉的準噶爾部族，一六七〇年，當時身為準噶爾部族長的兄長遭到殺害，噶爾丹於是繼承部族長之位。

蒙古的內亂

在戈壁沙漠以北，喀爾喀維持獨立，但這時候發生內亂。喀爾喀部族西邊的右翼和東邊的左翼之間，發生搶奪家畜和人民的紛爭，久久無法平息。

康熙帝為了仲裁紛爭，於是特地找來藏傳佛教格魯派主要寺廟甘丹寺的住持，一六八六年與自己的代表一起，在杭愛山脈南邊拜塔里克河畔的庫倫伯勒齊爾召開大會。在喀爾喀部族出席會議的代表當中，包括一世哲布尊丹巴，他是喀爾喀左翼大汗的弟弟，一出生就被認定是藏傳佛教薩迦派分派覺囊派的高僧多羅那他轉世。覺囊派是格魯派的仇敵。

哲布尊丹巴在庫倫伯勒齊爾的和談會議當中，表現出與代表達賴喇嘛的甘丹寺住持平起平坐的態度，坐在同等高度的座位上。以噶爾丹的角度來看，這等於是對師父五世達賴喇嘛的污辱。然而諷刺的是，哲布尊丹巴五歲受比丘戒的時候，授戒的師僧是第一代溫薩活佛，也就是噶爾丹的前世。

和約很快就破裂，戰爭爆發，噶爾丹的弟弟被喀爾喀左翼所殺。

一六八八年春天，準備復仇的噶爾丹於是率領衛拉特三萬大軍，從西方越過杭愛山脈，進攻北蒙古的喀爾喀部族。

噶爾丹軍首先在鄂爾渾河上游的塔米爾河畔與喀爾喀左翼軍激戰，大獲全勝。接下來，噶爾丹的部分軍隊燒毀哲布尊丹巴位於過去喀喇昆侖的寺院額爾德尼召寺。哲布尊丹巴越過戈壁沙漠往南逃，進入南蒙古，尋求康熙帝的保護。

清朝的軍事介入

噶爾丹率領主力軍向東前進，抵達克魯倫河附近之後退軍，在呼倫湖附近與喀爾喀軍激戰三日，大敗喀爾喀軍。喀爾喀的領主和庶民群龍無首，越過戈壁沙漠逃往南蒙古。

康熙帝一開始並沒有打算介入蒙古的內戰。然而，由於喀爾喀人前來求援，於是給予搬運穀物、提供家畜等救濟。據說當時逃往清朝領土內的蒙古人有二十萬人之多。

一六九〇年，噶爾丹從北蒙古東部率領大軍，南下至南蒙古赤峰市附近的烏蘭布統，逼迫康熙帝交出哲布尊丹巴。康熙帝於是派遣大軍迎戰。

噶爾丹軍在坐下的駱駝身上鋪上浸濕的毛氈，躲在後面用火繩槍攻擊清軍。康熙帝的叔父內大臣佟國綱就是在戰爭中被子彈射中而死。噶爾丹軍從容地往北退軍，清軍大受打擊，但也無力追擊。

康熙帝這時才終於下定決心對抗噶爾丹，翌一六九一年，在南蒙古的多倫諾爾（內蒙古自治區的多倫縣）召集逃亡的喀爾喀部族的領主們，舉行大會。包括哲布尊丹巴在內，逃亡各地的北蒙古大汗們和領主們全員出席，跪地發誓效忠康熙帝。康熙帝接受喀爾喀部族為自己的臣子，取得保護他們的正式資格。

另一方面，噶爾丹的大本營在阿爾泰山脈東麓的科布多。這裡是現蒙古國最西端的地方，距離北京非常遙遠，完全不在作戰圈內。康熙帝於是儲存糧食，做好準備，等待敵人上門。

昭莫多之戰

五年後的一六九六年，機會終於來臨。噶爾丹向東前進蒙古高原，將大本營設在克魯倫河上游的巴顏烏蘭。

康熙帝親自率領遠征軍，出發執行橫跨戈壁沙漠的作戰計畫。全軍分為東路軍、西路軍、中路軍。東路軍從瀋陽出發，繞東行前往克魯倫河。西路軍從陝西省越過陰山山脈，繞西行前往土拉河附近。皇帝親自率領的中路軍則從北京出發，從南蒙古突破戈壁沙漠正中央，直搗噶爾丹位於巴顏烏蘭的大本營。然而，東路軍的推進延遲，中途退出。

皇帝的中路軍約有二萬七千人，在天亮前就拔營，開始行軍。到了中午紮營，吃一日之中最初也是最後一頓飯。皇帝本身也忍耐著這樣的困難，終於抵達克魯倫河。然而，噶爾丹軍早已越過肯特山脈逃往西邊的土拉河，也就是現在的烏蘭巴托市附近。

康熙帝非常失望，雖然想要追擊噶爾丹，但皇帝軍的糧食快要見底。康熙帝不得已只好踏上歸途，但在兩天後，西方傳令的快馬帶來消息。西路軍阻擋了噶爾丹軍的去路，雙方在特勒爾濟交戰，西路軍大勝。康熙帝欣喜若狂，站在營帳前向天跪拜，感謝上天的幫助。

一六九六年六月十二日，噶爾丹軍從東方向土拉河南岸推進，而清軍在凸出的丘陵上佈陣，火繩槍一字排開等待敵人的到來。兩軍激烈交戰，下馬展開槍擊戰。太陽下山，周圍一片漆黑，但兩軍依舊打得難分難捨。

清軍的將校發現噶爾丹軍後方的家畜群，於是派遣另一支部隊從樹林偷襲家畜和婦女，再從山上突襲軍心因此動搖的噶爾丹軍。慌張地噶爾丹軍跌落懸崖，土拉河上滿滿都是噶爾丹軍的屍體。噶爾丹的妃子阿奴可敦戰死，噶爾丹趁夜往西逃，逃進阿爾泰山裡面。這就是「昭莫多之戰」。

噶爾丹在阿爾泰山上走投無路，翌一六九七年四月四日病死。死後，逃往南蒙古避難的喀爾喀領主和庶民回歸北蒙古故鄉，康熙帝的勢力也因此擴展到了戈壁沙漠以北的杭愛山脈。

三、清朝領土的擴大——西藏

影響藏傳佛教

西藏的五世達賴喇嘛已經在一六八二年死去，但由於密不發喪，因此就連他最忠實的弟子噶爾丹，生前都不知道師父已死的消息。攝政桑結嘉錯利用這段時間尋找上一代達賴喇嘛的轉世，到了噶爾丹被清軍擊敗的翌年一六九七年才公布五世死去的消息，讓六世達賴喇嘛即位。

然而，六世達賴喇嘛是位非常與眾不同的人，也是有名的戀愛詩人。如果僅是如此還好，但六世達賴喇嘛愈來愈古怪，最終拒絕受戒，意圖歸還僧籍。可是，觀世音菩薩的轉世與當事人的意志無關。對於西藏人或蒙古人而言，無論六世達賴喇嘛的舉止有多麼奇怪，都不影響他是信仰對象的事實。

青海省的草原上有衛拉特的和碩特部族在這裡遊牧。和碩特的拉藏汗於一七〇五年進攻拉薩，殺了攝政桑結嘉錯後，向康熙帝報告，請求康熙帝的指示。康熙帝讚賞拉藏汗，命他逮捕六世達賴喇嘛並護送到北京。

拉薩的群眾暴動，奪回了達賴喇嘛。達賴喇嘛為了怕連累無罪的人，因此自己從群眾中逃出，遭到逮捕。在被護送到北京的途中，病死在青海省青海湖南邊的公噶瑙爾。

康熙帝與拉藏汗帶著別的僧侶進入西藏，說他是新的六世達賴喇嘛，但沒有人相信。西藏的情勢因此陷入混亂。

噶爾丹生前，兄長僧格的兒子策妄阿拉布坦就已經於一六八九年脫離叔父獨立，至一六九一年前幾乎鎮壓了噶爾丹不在時的國內和東土耳其斯坦，成為準噶爾部族的族長。策妄阿拉布坦計畫利用西藏不穩定的情勢，從和碩特部族手中奪取西藏。一七一七年，準噶爾軍從羌塘高原開路抵達騰格里湖，突襲拉薩。拉藏汗戰到最後一刻被殺。

一七二〇年，康熙帝終於正式承認由青海省和碩特部族支持的七世達賴喇嘛，派遣清軍前往西藏，護送七世達賴喇嘛進入拉薩。準噶爾軍逃走。就這樣，西藏也進入康熙的保護下，清朝可以利用藏傳佛教的影響力。

四、清朝領土的擴大——台灣

國姓爺鄭成功

這時候的台灣也納入了清朝的影響之下。一六二四年荷蘭人占據台灣，這也是台灣首度正式出現在歷史舞台上。荷蘭人占據現在台灣島南部的台南市安平。當地的原住民是名為「大員」的部族，台灣名稱就是從這裡而來。荷蘭人在安平興建了熱蘭遮城（安平古堡），又在港灣對岸的赤崁興建普羅民遮城（赤崁樓），作為貿易的基地。

與荷蘭人同樣，計畫以台灣為貿易基地的西班牙人稍晚占領了台灣北部的基隆，在這裡興建聖薩爾瓦多城，接著又在淡水興建聖多明哥城（紅毛城）。然而，西班牙人於一六四二年時被荷蘭人趕走，荷蘭人的勢力範圍及於台灣全島。荷蘭人向原住民傳播基督教，作為其副產品，開發出了用羅馬字母書寫原住民語言的方法。[3]鹿是台灣的特產，原住民收集而來的大量鹿皮和鹿角輸出日本，帶來龐大的利益。

荷蘭人為了取得糧食，於是從海峽對岸的福建省找了許多中國人的農民來台灣，讓他們開墾土地。中國人會到台灣定居是從此之後才隨著荷蘭人進入的。

這時滿洲人入主北京，在中國大陸的南部，明朝皇族們奮力抵抗，當中的魯王以福建省沿岸島嶼為根據地。而支持魯王的就是有名的國姓爺鄭成功（一六二四－一六六二年）。

鄭成功的父親鄭芝龍是中國人海盜（倭寇）的首領，與長崎縣平戶的田川七左衛門的女兒結婚。二人生下混血兒鄭成功，日本名為福松。鄭芝龍一開始致力於明朝皇族們的復興運動，最終放棄，轉而投靠清朝。兒子鄭成功則是一直支持魯王，活躍於福建省沿岸一帶。然而，由於情勢愈來愈壞，鄭成功於是轉變方向，於一六六一年率領軍隊二萬五千人越過海峽，從台南上

3 編註：即「新港文書」。

陸，攻陷熱蘭遮城和普羅民遮城，荷蘭人投降，被趕出台灣。

不知如何是好的台灣統治

鄭成功於占領台灣的翌年死去，兒子鄭經和孫子鄭克塽在台南建立政權，二十三年間與統治大陸的滿洲人的清朝保持距離，維持獨立。到了一六八三年，清軍入侵台灣，鄭克塽投降。

清朝在台灣設置了三個縣城，由於主要的目的是防止如鄭氏三代一般的海盜再度出現，因此嚴格禁止中國人前往台灣。就算如此，人口過剩的福建省還是不斷地有人偷渡到台灣。鄭氏殘黨的地下組織和隻身一人偷渡來台灣、被稱為羅漢腳的大量流浪者，讓台灣的治安極度惡劣，頻頻發生動亂，甚至有「三年一小反，五年一大亂」的說法。當中又以一七二一年的朱一貴之亂和一七八六年的林爽文之亂規模最大，台灣全島都陷入反叛軍手裡。

台灣治安的惡化來自於移居台灣的中國人之間的紛爭和為了搶奪土地而重複上演的被稱為械鬥的戰爭。移居台灣的福建人有二種，分別是從泉州市一帶渡海而來的人和從廈門市一帶來的人，彼此都視對方為外人。另外，從廣東省東部汕頭市一帶來的移民雖然也屬於福建語體系，但說著非常不同的潮州方言。泉州人、廈門人、潮州人之間彼此不合。

除此之外還有被稱為客家的人群。客家的大本營是廣東省東北的梅縣，原本是從十三世紀的蒙古時代起，從華北的山西省南下的人們，說的話是中國的山西方言。客家的語言和福建人完全不同，生活模式也不同。

在這樣複雜的背景之下，清朝不知道該如何處理台灣，在沒有打算開發的情況下經過了二百年的時間。

五、清朝領土的擴大——新疆

與準噶爾劃定國界

康熙帝於一七二二年死去。繼承帝位的是世宗雍正帝（一七二二—一七三五年在位）。

青海和碩特的羅卜藏丹津於一七二三年時企圖從清朝獨立而舉兵，自稱達賴渾台吉，但翌年遭到清軍平定，羅卜藏丹津亡命準噶爾。清朝趁機將青海完全納入自己的領土，青海的衛拉特人皆臣服於雍正帝之下。

一七三五年，清朝開始和準噶爾交涉劃定國界，但在達成協議之前雍正帝就死了，由高宗乾隆帝（一七三五－一七九六年在位，一七九九年去世）繼位。一七三九年終於達成協議，阿爾泰山以西是準噶爾的牧地，杭愛山的布彥圖河以東是喀爾喀的牧地。

一七四五年，噶爾丹策零死去，他的兒子策妄多爾濟那木扎爾成為渾台吉（一七四五－一七五〇年在位），準噶爾汗國的命運之後急速走下坡。策妄多爾濟那木扎爾的庶兄喇嘛達爾扎於一七五〇年舉兵背叛，俘虜渾台吉，挖出他的雙眼，幽禁在東土耳其斯坦，自己取而代之當上渾台吉。喇嘛達爾扎同時迫害準噶爾的王族。皇族之中的達瓦齊逃到哈薩克，一七五三年在伊犁襲擊、殺害喇嘛達爾扎，當上渾台吉（一七五三－一七五五年在位）。

與達瓦齊一起行動的輝特部族長阿睦爾撒納是策妄阿拉布坦女兒的兒子，但達瓦齊即位後與他不合，於一七五四年亡命清朝。同一時期，因為被稱作杜爾伯特三車凌的部族首領們也亡命清朝，於是乾隆帝打算利用這個機會一舉解決準噶爾的問題，在一七五五年，清軍兵分二路，北路軍從烏里雅蘇台、西路軍從巴里坤進軍。阿睦爾撒納被任命擔任北路軍的副將軍。清軍一路上幾乎沒有受到什麼抵抗就到達了伊犁，達瓦齊渾台吉逃往喀什避難，但卻被烏什的人抓住交給了清軍送往北京。

就像這樣，準噶爾帝國滅亡後，乾隆帝在杜爾伯特、和碩特、輝特、綽羅斯（準噶爾）四個衛拉特部族中分立四汗，準備將阿睦爾撒納立為輝特部的可汗。然而，阿睦爾撒納希望成為全衛拉特部族的渾台吉，對此乾隆帝不同意，阿睦爾撒納於是舉兵宣布獨立。當時清軍已經撤軍，僅留下少數的兵馬，因此，準噶爾的故地很輕易地就落入了阿睦爾撒納之手。

統治所有蒙古裔的種族

一七五六年，清軍再度進入伊犁，阿睦爾撒納逃往哈薩克繼續抵抗。一七五七年，乾隆帝任命兆惠擔任伊犁將軍。阿睦爾撒納又逃進西伯利亞，在俄羅斯人的保護之下滯留托博爾斯克，在那裡得到天花而死。

因多次反抗而苦的清軍為了報復，對衛拉特人展開大屠殺，再加上跟著清軍一起來的天花大流行，衛拉特的人口銳減，伊犁溪谷幾乎無人居住。乾隆帝將滿洲人、錫伯人、索倫人、達斡爾人的屯田兵遷入了這個地方。一七五九年，天山南方的東土耳其斯坦也被清朝征服，清帝國的領土達到極限。

在此之前，衛拉特的土爾扈特部族在和鄂爾勒克的領導之下於一六二八年開始向西移動，一六三〇年到達伏爾加河，征服了諾蓋人。一六四四年，和鄂爾勒克追擊敗逃的諾蓋人，攻打高加索山中的卡巴爾達，在此處戰死。和鄂爾勒克的長子書庫爾岱青太師成為部族長，一六五六年，與俄羅斯的阿列克謝米哈伊洛維奇沙皇結為同盟。在書庫爾岱青之後繼位的是他的兒子朋楚克。一六七〇年，朋楚克被和碩特的鄂爾齊圖車臣汗之弟阿巴賴太師所殺，朋楚克的兒子阿玉奇太師繼位為土爾扈特部族長。

成為伏爾加河畔草原新統治者的土爾扈特部族在阿玉奇時代達到鼎盛期。在和奧斯曼土耳其和瑞典的戰爭當中，由於提供俄羅斯騎兵，阿玉奇因此得到莫大的財富當作報酬。

阿玉奇稱汗，在位長達半世紀，但隨著他於一七二四年八十三歲時死去，發生了爭奪王位的紛爭。阿玉奇原本打算立最年輕的兒子策凌敦多布為繼承人，但阿玉奇的孫子敦羅卜旺布在阿玉奇的妃子達爾瑪巴拉可敦支持之下，用實力取得勝利。雖然俄羅斯的介入讓策凌敦多布登上汗位，但國內情勢依舊不穩。一七三五年，敦羅卜旺布從庫班向伏爾加進軍，策凌敦多布逃亡到現在的聖彼得堡，敦羅卜旺布即汗位，俄羅斯也予以承認。

敦羅卜旺布汗於一七四一年死去，國內又起紛爭，結果由阿玉奇汗的孫子敦羅布剌什繼位。敦羅布剌什汗於一七六一年死去，他當時十七歲的兒子渥巴錫成為了可汗。俄羅斯為了削減可汗的力量，於是任命敦羅卜旺布汗的孫子策伯克多爾濟為土爾扈特札魯忽會議的議長。對此不滿的渥巴錫汗於一七七一年率領大批土爾扈特人離開伏爾加河畔來到伊犁，接受清朝的保護。

就這樣，除了貝加爾湖東方的布里亞特人和留在伏爾加河西方的土爾扈特（卡爾梅克）人之外，所有蒙古裔的種族，都歸順於清朝的皇帝之下。

六、北京話的發達

現代中國話的源起

如前所述，北京地方自古以來就是北亞和東北亞各民族與漢族接觸的區域，九三六年以後，作為燕雲十六州的中心，尤其與南蒙古和山西省北部有著密切的關係。從這個時代開始，北京的土語被認為屬於山西方言圈。到了十三世紀北京成為元朝首都，創立者忽必烈在中國的第一個私領地是西安，因此在山西方言的基礎之上，又加上了陝西方言的要素。進入明代之後這一點也沒有改變，但是進入清朝之後，山東方言取而代之成為北京的漢語。

在此之前，遼寧省的遼河三角洲經歷金末的戰亂而成為無人之地，蒙古人將以平壤為中心的高麗北部人民移居此地。就算進入明代之後，遼河三角洲的居民依舊是高麗體系的人，由於這個地方隸屬明朝山東都指揮使司的軍政之下，因此通用的語言是山東方言。滿洲族的努爾哈赤於一六二一年占領遼河三角洲，在這裡建立以滿洲族為主，整合蒙古族和漢族的國家（後金國）。這就是清朝的原型，當中的漢族是自元朝以來經過漢化的高麗裔居民，三個種族的共通語言還是山東方言。隨著一六四四年清朝入關，移居北京內城的滿、蒙、漢的八旗旗人，他們說的是混合滿洲語和山東方言的語言，這就是「官話」。一九一一至一九一二年辛亥革命推翻清朝之後，滿洲語遭到廢絕，官話當中去除滿洲語後所留下的以山東方言為基礎的漢語，成為所謂的北京方言，也是現在普通話（國語）的基礎。就這一層意義而言，現代的中國話甚至沒有過去《切韻》的發音系統，完全是阿爾泰語系諸民族之間的產物。

七、人口的爆發

人口增加和華僑移居

中國史第三期前期的中國人口一直維持在六千萬人的水準上下，進入後期之後，隨著清朝統治之下社會的安定，人口開始急速增加。十八世紀初，清康熙帝時代末期的人口已經突破一億，一七二六年二億、一七九〇年三億、一八三四年繼續增加到四億。之後暫時維持四億左右的人口，到了一九四九年中華人民共和國成立之後，人口一下子就出現五億、六億的數字，一九八〇年代達到十億，二〇〇二年的人口統計數字是十二億八千四百五十三萬人。姑且不說十二億，四億人口就已經超出中國土地的技術和社會體制能夠負荷的範圍，現在中國面臨的所有困難，都是因為極端的人口過剩。

人口增加的原因可以追溯到一四九二年的哥倫布發現美洲新大陸。十六世紀之後，起源於美洲大陸的農作物陸續傳入中國。有番茄、辣椒、酪梨、南瓜、青椒、花生、玉米、馬鈴薯、地瓜、菸草等。當中的玉米、馬鈴薯、地瓜成為了新的熱量來源，中國農民也開始栽種，因此拯救了許多人免於飢

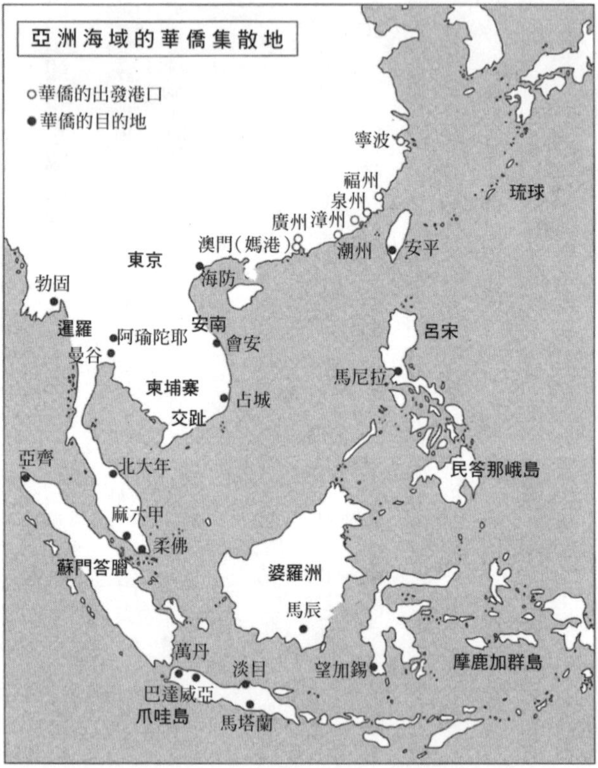
亞洲海域的華僑集散地
○華僑的出發港口
●華僑的目的地
寧波
福州
泉州
廣州
漳州
澳門(媽港)
潮州
安平
琉球
東京
海防
勃固
暹羅
阿瑜陀耶
安南
會安
呂宋
曼谷
馬尼拉
東埔寨
占城
交趾
亞齊
北大年
民答那峨島
麻六甲
柔佛
蘇門答臘
婆羅洲
馬辰
萬丹
淡目
望加錫
摩鹿加群島
巴達威亞
爪哇島
馬塔蘭

餓。

十八世紀開始的人口急速增加是世界共通的現象，但中國尤其嚴重，這也是華僑移居海外的原因之一。總而言之，到了中國史的第三期後期，中國已經無法再成長，而人口過剩的現象就是在這個時期發生。

華南完成開發和人口增加的結果，造成十八世紀開始有大規模的華僑移居東南亞。最初移居東南亞的是福建人，接下來是潮州人、海南人、客家人、廣東人，在這個時代末期，移居的地點也從東南亞逐漸擴展到澳洲、大洋洲、美洲、西印度群島等地。

八、連續發生叛亂

天理教之亂

一七九六年，乾隆帝退位，仁宗嘉慶帝（一七九六—一八二〇年在位）繼位；一七九九年，乾隆帝死去。從這個時期起，各地開始發生叛亂。

一七九五年，貴州省銅仁（松桃苗族自治縣）的苗人石柳鄧叛亂，一直延燒到湖南省、貴州省、四川省。這場叛亂持續了十二年，最後被清軍鎮壓。

一七九六年，白蓮教徒王聰兒、姚之富等人在湖北省襄陽（襄樊市）叛亂，四川省等地的白蓮教徒紛紛響應。一七九七年，王聰兒、姚之富等率兵進攻河南省，勢力增強之後又進攻陝西省，一七九八年進攻西安但失敗後，王聰兒等人自殺。四川省的白蓮教徒之後也持續反抗，但於一八〇四年遭到清軍完全鎮壓。這場叛亂持續九年，波及湖北省、四川省、河南省、陝西省、甘肅省。

一八一三年發生天理教的叛亂。天理教是白蓮教的一個宗派，又稱八卦教，在河北省、河南省、山東省、山西省有許多信徒，宮中的許多宦官也是信徒。河南省滑縣的李文成和北京市大興縣的林清是教主，計畫於九月十五日一起舉兵，然而計畫外洩，李文成被捕下獄。滑縣的天理教徒提前計畫發動叛亂，占領縣城救出李文成。林清則依照計畫在九月十四日率領二百多名信徒，在宦官信徒的帶領之下，從東華門和西華門攻進宮中。當時嘉慶帝人在熱河的避暑山莊。次子綿寧（後來的道光帝）在上書房，聽到聲響後帶著火槍應戰。位於北京的諸王和大臣立刻動員禁衛軍包圍敵人，逮捕天理教徒和內應的宦官。林清在位於大興縣黃村的住家被捕，九月二十三日遭到處刑。李文成在滑縣被清軍包圍，雖然逃脫前往輝縣的山中，但最後自焚死亡。

鴉片戰爭和太平天國之亂

一八二〇年嘉慶帝死去，宣宗道光帝（一八二〇—一八五〇年在位）繼位。道光帝在位期間，與英國發生第一次鴉片戰爭。

一八四〇年六月，喬治・懿律（George Elliot）率領的艦隊進入廣州市附近海域，七月占領浙江省的定海，八月抵達天津港。道光帝震驚。一八四一年一月二十六日，英軍正式占領香港。英國政府召回懿律，改派亨利・璞鼎查（Henry Pottinger）。璞鼎查進逼南京後，於一八四二年八月二十九日締結南京條約，賠償二千一百萬元，割讓香港，開放廣州、福州、廈門、寧波、上海的港口，讓清朝承認了公平協議之下的關稅協定。接下來又在一八四三年十月八日締結虎門條約，清朝給予英國領事裁判權和最惠國待遇，並承認英國人在通商港的租地權和居住權。以此為開端，清朝之後又與美國簽訂望廈條約（一八四四年七月三日），與法國簽訂黃埔條約（一八四四年十月二十四日），承認美國人和法國人享有同樣的待遇。

一八五〇年道光帝死去，文宗咸豐帝（一八五〇年—一八六一年在位）繼位。咸豐帝在位期間，發生太平天國之亂和第二次鴉片戰爭。

建立太平天國的洪秀全是廣東省花縣的客家人，自稱是天帝的兒子、耶穌的弟弟。一八五一年一月十一日，召集花縣金田村的信徒建國，九月二十五日攻陷永安州（廣西壯族自治區的蒙山縣）。洪秀全自稱天王，並以楊秀清為東王、馮雲山為南王、蕭朝貴為西王、韋昌輝為北王、石達開為翼王。半年後，清軍包圍永安州，太平軍突圍北上，南王馮雲山和西王蕭朝貴戰死，但之後太平軍經由湖南省、湖北省、江西省、安徽省，進入浙江省的南京，於一八五三年三月二十九日，將南京定為太平天國的首都，改稱天京。一八五六年，太平天國迎來全盛期，但之後發生了內鬥；最初的諸王當中，東王楊秀清和北王韋昌輝被殺，只剩下翼王石達開。一八六三年春，石達開的太平軍進入四川省，五月，在大渡河畔遭到清軍包圍。石達開投降清軍，六月二十五日遭到斬首。洪秀全親自領軍，但由於憂心和疲勞而病倒，一八六四年六月三日死去。十六歲的兒子洪天貴繼位成為幼天王，但七月十九日，天京被清軍攻下，秦淮河上堆滿了太平軍的屍體。太平天國之亂就此結束。

一八五六年十月，以亞羅號事件為開端，英國和法國組成聯軍，開始第二次鴉片戰爭，一八五七年末，廣州淪陷。一八五八年，聯軍攻下大沽的炮台，咸豐帝急忙與俄羅斯、美國、英國、法國簽訂天津條約。翌一八五九年，互換條約批准書的期限將至，但英國、法國、美國拒絕依照清朝指定的路線進入北京，於是在大沽發生交戰。一八六〇年，英國和法國再度組成聯軍，攻陷大沽、天津，咸豐帝逃往避暑山莊。聯軍燒毀圓明園，十月十三日攻陷北京。清朝與英國和法國簽訂了北京條約。

兩太后的執政

一八六一年八月二十二日，咸豐帝在避暑山莊死去，穆宗同治帝（一八六一—一八七五年在位）繼位。咸豐帝的皇后東太后（慈安太后）和同治帝的生母西太后（慈禧太后）共謀，斬首咸豐帝臨終前任命的八大臣之首肅順，逼迫怡親王載垣、鄭親王端華（肅順的父親）自殺，其他五大臣則遭到免職流放（辛酉政變）。此後開始兩太后的攝政（同治中興）。

在此之前的一八五三年，太平天國定都南京，在湖南省湘鄉縣服母喪的曾國藩組織了名為湘軍的義勇軍。最初屢屢挫敗，但在一八五六年十二月十九日終於從太平軍手裡收復武昌（武漢市）。一八五七年二月二十七日，曾國藩父親死去，他暫時隱退，但其部將根據他的計畫於一八五八年五月十九日收復江西省的九江。一八六〇年，清朝任命曾國藩為兩江總督，曾國藩這時才首度掌握實權。一八六一年九月五日，曾國藩的弟弟曾國荃率領湘勇奪回安徽省安慶，一八六四年七月十九日占領南京。也就是說，太平天國之亂是靠他們才得以平定。

李鴻章（安徽省合肥縣人）於一八六一年受曾國藩之命回到故鄉安徽省，學習湘勇組織淮勇，翌一八六二年乘坐汽船前往上海，計畫與駐紮在安慶的曾國藩聯手，並接受查理．喬治．戈登（Charles George Gordon）的常勝軍幫助。一八六四年，攻下天京平定太平天國之亂，李鴻章獲得清朝的表揚。

一八五三年在安徽省蒙城縣的雉河集（渦陽縣），白蓮教體系的武裝團體捻軍興起，以張樂行為盟主。一八五七年，捻軍與霍丘城外的太平軍匯合，洪秀全封張樂行為沃王。一八六五年五月十八日，科爾沁左翼後

西太后

旗的僧格林沁親王率領清軍進攻山東省曹州。捻軍埋伏在高樓塞，斬殺僧格林沁，清軍全軍覆沒。清軍採取以圍城耗盡捻軍食糧的戰術，結果一八六八年時，捻軍在山東省黃河和徒駭河之間被清軍包圍，捻軍兵敗全員被殺。

一八七三年，同治帝開始親政，但母親西太后依舊掌握政權不肯放手。苦悶的同治帝在宦官的幫助下喬裝偷跑出宮，流連忘返於北京南城的花柳巷，因過度享樂而得病，於一八七五年一月十二日死去。醇親王奕譞的兒子載湉繼位，是為德宗光緒帝（一八七五—一九〇八年在位）。

一八八一年，東太后死去。西太后從此一人獨攬大權。

九、邁向國民國家

走向「滿漢一家」之道

國民國家的時代浪潮在鴉片戰爭之後二十年以上的一八六二年，終於逼近滿洲人的清帝國。這一年在陝西省，說著中國話的伊斯蘭教徒（回族）和中國人（漢人）之間發生衝突。以此為開端，伊斯蘭教徒開始大舉叛亂，波及甘肅省和東土耳其斯坦（新疆維吾爾自治區）。由於說著土耳其語的伊斯蘭教徒（維吾爾族）也加入叛亂，東土耳其斯坦全部落入反叛軍手裡。最終，西土耳其斯坦的浩罕（烏茲別克斯坦）出現英雄阿古柏，在東土耳其斯坦的喀什（喀什市）建立伊斯蘭教的神權王國，清朝因此失去對中亞的統治。

對此，在太平天國之亂中立下功績的左宗棠主張：「若不奪回東土耳其斯坦，則無法連結蒙古。如果無法與蒙古連結，清朝就完了。」於是他率領自己的湘軍前往平定東土耳其斯坦，於一八七七年攻陷喀什，鎮壓長達十六年的伊斯蘭教徒叛亂。清朝採納左宗棠的意見，於一八八二年在東土耳其斯坦設置中國式的行政機關新疆省，一八八四年任命左宗棠的外甥劉錦棠為巡撫。

一八八四年，在任命劉錦棠為新疆巡撫的同一年，為了安南的保護權，清朝和法國之間發生清法戰爭。在這場戰爭當中，法國艦隊擊滅清朝在福州港的艦隊，封鎖台灣。受到這個衝擊，清朝於翌一八八五年設置中國式的台灣省。在此之前，台灣不是中國的一部分，而是與東土耳其斯坦同樣，當作邊境來處置。

新疆省和台灣省的設置徹底改變了清帝國的屬性。清朝在這裡首度干涉漢族邊境的統治。在此之前，表面上滿洲族與蒙古族聯手統治漢族，保護藏族和伊斯蘭教徒，但在此之後的滿洲族，聯手的對象變成漢族，跨出「滿漢一家」的國民國家的第一步。在此之前屬於多種族聯合帝國的清朝在這裡發生了決定性的變化，蒙古族和藏族也因此感覺受到背叛。蒙古族和藏族之所以在二十世紀初開始試圖從清朝獨立，與他們對於清朝的不滿有關。

第八章

中國以後的時代：

日本的影響

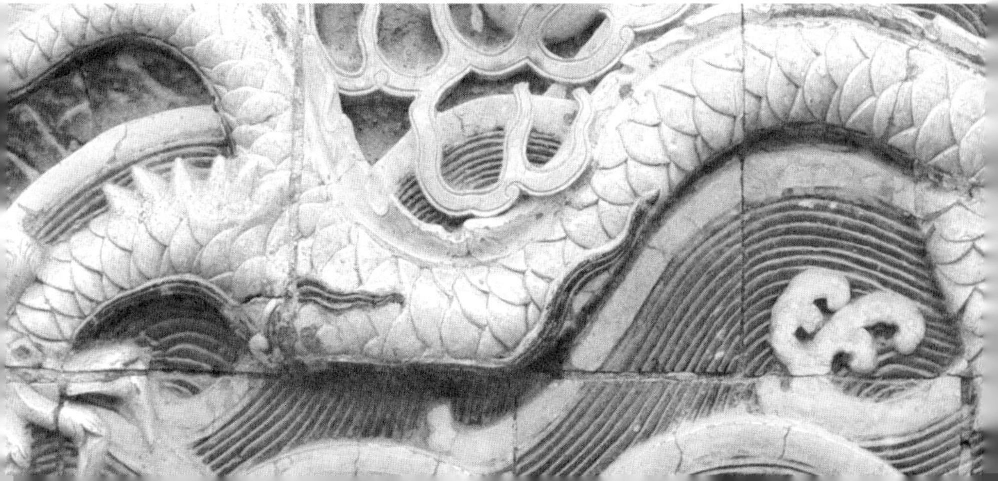

榮耀的孤立結束

西元前二二一年秦始皇統一是中國歷史的起點，在此之前是中國以前的時代，同樣地，也有所謂中國以後的時代。對於中國人而言，歷史不僅限於中國的範圍內，超越國境，在外面發生的事情也可以決定中國的命運，這就是中國以後的時代。其分界點是一八九五年甲午戰爭（一八九四－一八九五年）的戰敗。

不僅如此，以甲午戰爭為轉捩點，中國的社會和文化產生急劇的變化，放棄自秦始皇統一以來延續超過二千一百年的傳統體制，轉而採用歐美的體制替代。而且採用的歐美體制是已經在日本經過消化，融入漢字文化的體制。為此，中國全面放棄至今為止累積的漢字語言的體系，新發展出以日本製漢語為基礎的、共通的溝通體系，這就是現代漢語的起源。中國的歷史在這裡失去獨立性，成為世界史的一部分，而且必須鑲嵌進以日本為中心的東亞文化圈。這就是中國以後的時代。

如同至此所觀察到的，所謂「中國」這一觀念的內涵，從最初指的是首都城廓的內側、擴大至漢字通用的範圍、再到從首都出發在軍事和經濟方面可以控制的範圍。在元世祖忽必烈汗統一之後，「中國」的觀念又擴大涵蓋至兩方面——漢字文化圈和漢字文化圈以外的區域。這樣的中國觀念在滿洲族建立清帝國之後定型。在這個時代，由於俄國人進入西伯利亞，因此最起碼在北方有劃定國境的必要。一六八九年，清康熙帝與俄國的彼得大帝簽訂尼布楚條約，擁有清楚國境的領土國家觀念萌芽了。在此之前的中國人，就算擁有「王化」，也就是皇帝權威可及之處就是中國的觀念，但並沒有中國是四面由國境線圍繞、擁有一定範圍的觀念。

一八四〇年至一八四二年的鴉片戰爭，清朝被英國人擊敗而不得不開放港口，然而這並沒有對中國傳統的體制造成打擊。在中國漫長的歷史當中，被外夷打敗的次數不勝枚舉，而且英國距離遙遠，人口又少，會使中國人意識到威脅的程度其實非常低。頂多就是採用了西洋式的武器，雇用西洋人技師等。

然而，一八九四至一八九五年的甲午戰爭戰敗，帶給中國人深刻的衝擊。採用西方式體制不過三十年的日本，而且是自建國以來就一直屬於中國文化圈的日本，竟然擊潰當時擁有最新式西洋武器軍備的李鴻章的北洋軍。這個事件戲劇化地證明了中國的傳統體制已經跟不上時代。中國榮耀的孤立時代已經結束。

日本型近代化路線

隨著甲午戰爭的戰敗，中國完全放棄了至今為止的傳統體制，改走日本型的近代化路線。廢除一千三百年來選出中國領導階級的科舉制度，改為起用從外國留學回來的人為官吏的作法。這時，留學生最多的國家是日本。日本自一八六八年明治維新以來已經有三十年，經過了一個世代，開發出了表現歐美新事物的文體和語彙，而且日本新創造出的漢字組合成為了這些文體和語彙的基礎。清朝的留學生學習、攝取、吸收這些新的文體和語彙。就像這樣，新的漢語大量入侵中國人的語言當中，而至今為止因為科舉考試而普及、以古典為基礎的文體和語彙遭到丟棄和取代。即便是對於留學日本以外國家的中國人而言，傳遞新事物的溝通手段也只有日本式的文體和語彙。新的漢語在中國全土大量設立的新式教育學校中，透過日本人教師和歸國的日本留學生推廣出去。於是，出現了文法使用舊有的古典文法、語彙借用日本開創的新語彙，介於兩者之間、被稱為「時文」的文體，且官府用語和新聞用語也開始使用時文。

甲午戰爭的另一個直接產物是軍隊的日本化。隨著中國近代化，首先必須強化的就是軍隊，清朝政府致力在中央和地方建設新式、也就是日本式的陸軍，這時成為新軍核心的便是留學日本陸軍士官學校的將校。一九一一至一九一二年的辛亥革命就是由這些新軍發動；最終奪取政權的是擁有最強大新軍的指揮權的軍閥——袁世凱。

到了中華民國的時代，中國人的意識強烈受到日本大正民主的影響。日本政府也陸續強化對北京袁世凱政權的統治權。這時於一九一七年發生了俄國革命，俄羅斯帝國解體，至今為止被俄羅斯統治的諸民族紛紛發起獨立運動，給了被逐漸納入日本帝國主義統治之下的中國人希望。對此，更進一步推動的是，第一次世界大戰後美國威爾遜總統提倡的民族自決原則。結果在一九一九年的巴黎和會，為了抗議日本繼承德國在山東省的舊有權益，爆發中國人的民族運動——五四運動。自此之後，中國人的民族意識當中，產生了反對日本的共同指標。

然而在此同時，可說是中文日本化極致的白話（口語）文，於一九一八年魯迅刊登在《新青年》的〈狂人日記〉中誕生，這一點非常諷刺。從這部作品之後，新漢語的水準已經到了可以表達所有日本文學主題的程度。

中華人民共和國的成立

俄國革命的另一個影響是孫文的中國國民黨的蘇聯化。對於日本支持北京袁世凱軍閥政權、干涉中國內政感到絕望的中國民族主義者們，趁著一九二四年在共產國際的指導下舉行國共合作，集結於廣州的國民政府之下。一九二六年，在國民黨左派領導人蔣介石的指揮之下開始北伐，於一九二八年北伐軍進入北京，在東北張學良的協助之下，國民政府首度統一中國。

然而，這被視作是蘇聯和國際共產主義的勝利，憂心中國赤化的日本於是在一九三一年發動九一八事變、一九三七年發動支那事變，逼得希望避免與日本衝突的蔣介石開啟抗日戰爭。日本阻止國民政府統一中國的意圖最終還是成功，一九四五年日本退出中國的同時爆發了國民政府和中國共產黨的內戰，至一九四九年，國民政府不得已逃往台灣避難。

中華人民共和國就此成立，翌年起爆發韓戰，中國不得不加入蘇聯支持的北韓方，因此與美國占領下的日本隔離，中國文化的日本化現象暫時中斷。不過，日本在此之前對於中國的影響過於強大，就連中國人閱讀的馬克斯文獻也都是日文譯本的二次翻譯。直到一九五〇年代之後才出現直接譯自俄語

蔣介石夫妻（右）和張學良夫妻

的譯本。

中華人民共和國最初是多民族國家。在中央人民政府成立之前的一九四七年，內蒙古自治區人民政府就已經成立，之後陸續又設置廣西壯族自治區、寧夏回族自治區、新疆維吾爾自治區、西藏自治區等一級行政區，也為了少數民族設置更小的自治州和自治縣等。另外，戶籍上也開始登錄個人所屬民族，但除了法規上認定的民族之外，全部都被分類為漢族。例如取得中國籍的日本人不是日本族，而是被分類為漢族。由此可見，漢族的定義依舊和過去一般不明確，簡言之，代表的意義僅是「不屬於少數民族」。因此，在中國說到「民族」，一般的理解都是指少數民族或是非漢族。

「四個現代化」的意義

在中華人民共和國，少數民族的待遇和地位被認為直接與國家的正統性相關，因此非常注意保護少數民族。然而，一九六六年開始的無產階級文化大革命以「破四舊」為口號，少數民族的固有文化遭到破壞，被強制性地急速漢化，許多少數民族也因此遭到殺害或迫害。

但是，文化大革命是破壞中國共產黨和國家組織的結果，由林彪率領

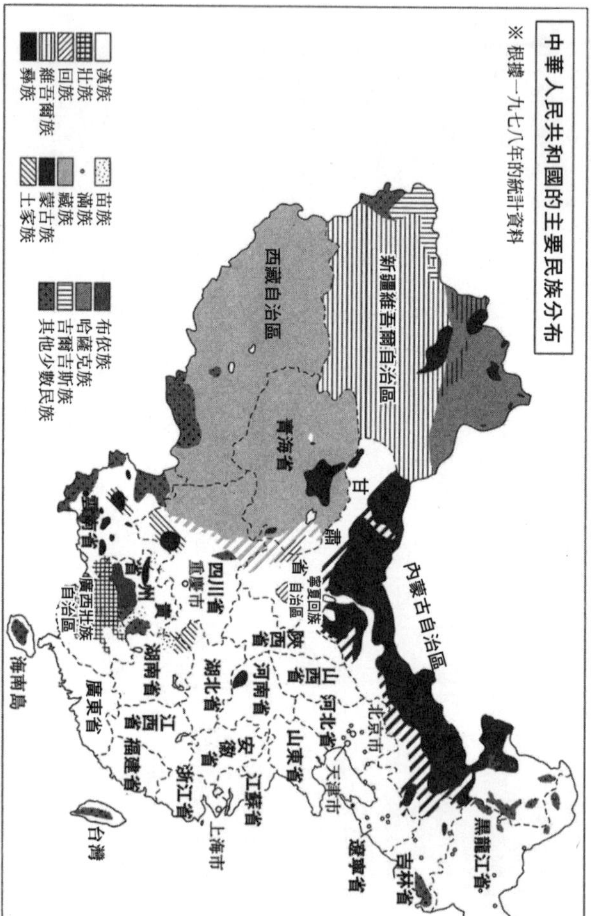
中華人民共和國的主要民族分布
※根據一九七八年的統計資料
漢族
壯族
回族
維吾爾族
彝族
苗族
滿族
藏族
蒙古族
土家族
布依族
哈薩克族
吉爾吉斯族
其他少數民族
新疆維吾爾自治區
西藏自治區
青海省
甘肅省
內蒙古自治區
寧夏回族自治區
陝西省
山西省
河北省
北京市
天津市
山東省
河南省
四川省
重慶市
湖北省
安徽省
江蘇省
上海市
浙江省
湖南省
江西省
福建省
雲南省
貴州省
廣西壯族自治區
廣東省
海南島
台灣
黑龍江省
吉林省
遼寧省

的人民解放軍勢力愈來愈強大。毛澤東和周恩來為了壓制軍隊，於是接近美國，在一九七一年九月的林彪事件後，軍隊的優勢翻轉。受到翌一九七二年二月美國尼克森總統訪問中國的刺激，同年九月，訪問中國的日本首相田中角榮實現中日國交正常化，從這裡開始，日本重新開始對中國產生影響。自一九四五年以來，中斷了二十六年。

一九七六年九月毛澤東死去。一個月後，文革派四人幫被打倒，少數民族長達十年的災難終於結束。翌一九七七年七月，鄧小平宣布回歸，中國開始走向「四個現代化」（農業、工業、國防、科學技術四個分野的近代化）的路線，這個現代化實質上是美國化、日本化。日本在一九六〇年代經濟高度成長，技術水準已經可以與美國匹敵，情況類似於甲午戰爭之後，美國化對中國帶來促進日本化的效果。中國實質上往日本文明圈回歸。

如前所述，一八九五年之後的時代，中國人的自我認同是透過日本型的文明所形成的。另外，中國人的民族意識受到日本的影響，可說是反抗日本壓迫之下的產物。這已經不再是中國文明的世界，而是在日本文明的強烈影響之下重生，擁有全新特質的中國。

後記

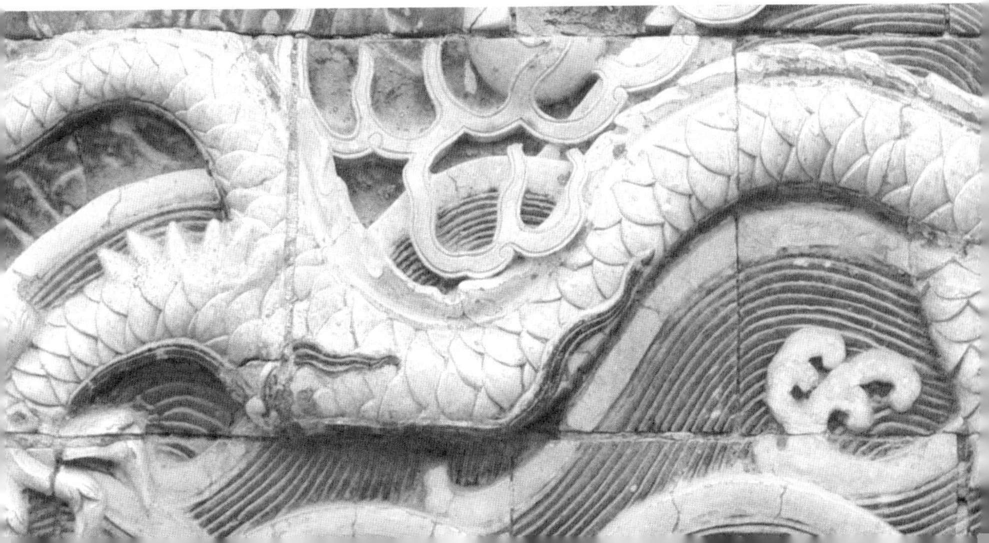

根據我的定義，「中國文明」指的是自西元前二二一年秦始皇統一中國開始，一直到一八九五年甲午戰爭日本戰勝、清國敗北為止。在之前的先秦時代，中國當然還沒有成立，而在之後的現代，中國傳統文明斷絕，取而代之的是日本版的西方現代文明時代，延續至今。

中國文明以前的時代是蠻、夷、戎、狄的時代。後來被出身西戎的秦統一，結果出現漢字、都市、皇帝，在長達二千多年間，中國式的文明成為中國的主流。

就算如此，還是可以分為幾個時代。第一期的中國時代是自西元前二二一年秦統一開始，直到五八九年隋滅陳再度統一天下為止的約八百年。漢族的天下在這裡變成北族的天下，轉變的契機是一八四年的黃巾之亂。以黃巾之亂為分界，前期的漢族銳減，後期的北族取而代之、入住中國，最終成為北族的天下。

第二期的中國時代是自五八九年隋統一開始，直到一二七六年元軍進入南宋首都杭州，南宋最後的皇帝瀛國公投降伯顏為止的約七百年。這個時代，北族體系的隋、唐、五代、宋的帝室君臨中國，但北宋主張「中華思想」的論述占優勢，當時所謂的「漢族」其實是「北族」的事實並不明朗。事實上，突厥帝國、回鶻帝國、契丹族的遼帝國、女直族的金帝國、蒙古族的元帝國等新北族勢力強大；九三六年遼太宗干涉後唐內亂，從後晉手中取得燕雲十六州，前期的舊北族在這裡輸給了後期的新北族。

第三期的中國時代是自一二七六年蒙古族的元統一開始，直到一八九五年滿洲族的清朝敗給日本為止的約六百年。在這個時代，蒙古帝國統一東亞、北亞、中亞、南亞、西亞、東歐的政治和經濟，一直延續至今。換句話說，這可說是開啟了真正意義的世界史的時代。當中於一三六八年誕生、屬於宗教祕密結社體系的明朝看起來像是逆道而行。然而，元依舊生存在蒙古高原之上，從蒙古帝國分割出來的各國占據歐亞大陸，而明不過是其中之一而已。

劃分第三期中國前期和後期的是一六四四年的明朝滅亡、滿洲族的清入主北京，君臨中國。清在政治上整合滿洲、蒙古、漢族、藏族、突厥系伊斯蘭教徒的同時，嚴密劃分各人種的經濟，幾乎重現元的統一。

一八九四至一八九五年的甲午戰爭宣告了超過二千一百年的皇帝制度和中國文明的結束。自從一八五四年簽訂日美和親條約起，經歷一八六八年明治維新的日本，在不到三十年的時間就打敗過去的大國清。受到衝擊的清朝決定走向日本型的現代化，派遣許多留學生前往日本，學習西方的新文化。自此之後，中國依舊持續模仿日本。這個時期的中國已經不具有獨創的文明。「中國文明」的時代在十九世紀結束。

這本《中國文明的歷史》是一九八三年發表的〈東亞大陸的民族〉的完整版。原本是《民族的世界史5漢民族和中國社會》（橋本萬太郎編，山川出版社）當中的一章，因此有許多不足的地方。雖然如此卻意外獲得好評，正逢〈講談社現代新書〉發刊四十周年，因此邀請我刊行〈東亞大陸的民族〉的增訂版。回應此一要求出版的就是本書。

最後，感謝慫恿我執筆《中國文明的歷史》的講談社岡本浩睦先生、製作地圖和圖版的小山光先生，以及努力校訂本書的妻子宮脇淳子，也期望本書可以提供各方面的參考。

二〇〇四年十一月

岡田英弘

地圖製作參考資料

頁三六—三七　《民族の世界史5　漢民族と中国社会》（山川出版社）
頁七九、九五、一一二、一二九、一八三（下）　《山川世界史総合図録》（山川出版社）
頁二〇〇（下）　Mark Elliott, *The Manchu Way*, Stanford University Press, 2001, p.103
頁二二四　斯波義信，《華僑》（岩波新書）
頁二四四　《概説　中国の少数民族》（三省堂）附圖

中國文明的歷史

非漢中心史觀的建構

作者、岡田英弘
翻譯、陳心慧
總編輯、富察
責任編輯、張乃文
企劃、蔡慧華、趙凰佑
封面設計、兒日
內頁排版、宸遠彩藝

社長、郭重興
發行人兼出版總監、曾大福
出版發行、八旗文化／遠足文化事業股份有限公司
地址、新北市民權路108-2號9樓
電話、02-22181417
傳真、02-86671065
客服專線、0800-221029
信箱、gusa0601@gmail.com
Facebook、facebook.com/gusapublishing
Blog、gusapublishing.blogspot.com
法律顧問、華洋法律事務所／蘇文生律師
印刷、成陽印刷股份有限公司
出版日期、二〇一七年十二月／初版一刷
二〇二一年　九月／初版七刷
定價／三二〇元

中国文明の歴史

《CHUUGOKU BUNMEI NO REKISHI》

中國文明的歷史 : 非漢中心史觀的建構 / 岡田英弘著 ; 陳心慧譯 . -- 新北市 : 八旗文化出版 : 遠足文化發行 , 2017.12
256 面 ; 14.8x19.5 公分
ISBN 978-986-95561-4-9(平裝)

1. 中國史

610 106020888